Guido Kreppold

Vom Burnout zu neuer Hoffnung-Wege aus den Sackgassen

Guido Kreppold

Vom Burnout zu neuer Hoffnung-Wege aus den Sackgassen

Fromm Verlag

Imprint

Cover image: www.ingimage.com

Publisher:
Fromm Verlag
is a trademark of
Dodo Books Indian Ocean Ltd. and OmniScriptum S.R.L publishing group

120 High Road, East Finchley, London, N2 9ED, United Kingdom
Str. Armeneasca 28/1, office 1, Chisinau MD-2012, Republic of Moldova, Europe
Managing Directors: Ieva Konstantinova, Victoria Ursu
info@omniscriptum.com

Printed at: see last page
ISBN: 978-3-8416-0388-3

Inhalt Seite

Seite

Seite

Wie kommen wir aus den Sackgassen?
Einführung

1
Neue Wege zur Hoffnung

Die Titelseite einer Fachzeitschrift für Psychologie[1]heißt: *Gute Zeiten - schlechte Zeiten, Glück und die Erlaubnis zur Melancholie.* Es kommen Experten der Seele und der menschlichen Existenz, Psychologen, Philosophen und Seelsorger zu Wort. Sie stellen die Vorstellung in Frage, es gebe ein dauerndes, ungebrochenes Glück, und nehmen die Tatsache ernst, dass es Einbrüche im Verlauf eines Lebens gibt, die nicht in der Planung stehen, die einen überraschen, zu deren Bewältigung einem die Mittel und die Kenntnisse fehlen. Es fällt auf, dass die Wörter *„Depression", „Burnout"* nicht nur in der psychologischen Literatur auftauchen, sondern ebenso auf der ersten Seite von Illustrierten, politischen Magazinen und Tageszeitungen.

Es ist wahr: es gibt Probleme, die sich nicht durch soziale Maßnahmen weg organisieren, auch nicht durch medizinische Kunst bessern, selbst nicht durch religiös motivierte Ratschläge lösen lassen. Es ist sogar so, dass die offiziell Zuständigen selbst von diesem Unheil betroffen sind, die sozial Engagierten, die Heiler und sogar die Seelsorger, die nicht mehr weiter wissen. Andere Namen dafür sind: *Erschöpfung, Apathie, Verlust der Lebensfreude, kein Antrieb, keine Ideen, keine Besserung in Aussicht.* Oft ist es auch der Drang, Dinge tun müssen, die einen zerstören. Es ist wie ein Sog, dem man nicht mehr widerstehen kann. Man spricht dann von Suchtverhalten. Es sind Sackgassen des Lebens, in denen die erworbenen Fertigkeiten der Lebensbewältigung nicht mehr

[1] Psychologie heute, Oktober 2012, 39.Jahrgang, Heft 10

greifen. Man findet sich plötzlich in einem Zustand vor, in dem man sich selbst nicht mehr in der Hand hat, wo man sich selbst nicht mehr steuern kann. Es scheint, als ob einem der Boden unter den Füßen weggezogen sei. Darauf wird man nicht vorbereitet. Wir werden ja in mehr als 20 Jahren daraufhin trainiert, wie man sich in dieser Welt einrichtet, wie man zu Einkommen, Rang und Namen kommt.

Auf dem Schild einer Beratungsstelle steht: Karriereplanung. Aber was ist, wenn die Ereignisse auftreten, die nicht geplant sind und auch nicht eingeplant werden können?

Die übliche, meist nicht offen ausgesprochene Vorstellung von Glück, der die meisten nachjagen, ist Wohlbefinden auf Dauer, welches der Wohlstand garantieren soll. Es ist bitter zu erleben, dass es dieses Glück gar nicht gibt. Der chinesische Philosoph Zhou Guoping meint dazu: *„Modernisierung bedeutet vor allem Zerstörung von Beziehungen. Eine grundlose Melancholie breitet sich aus“.*[2] Beziehung heißt aber, dass man einem andern Menschen etwas bedeutet, dass man ein Echo findet von dem, was einen zutiefst bewegt, von dem, was man denkt und sagt. Moderne Lebenseinstellung ist fast ausschließlich von Planen und Machen, von Aktivitäten selbst im kirchlichen Raum bestimmt. Der Mensch unserer Zeit bewegt sich zwischen Leistung und Ablenkung. Wenn die beiden ausfallen, tritt die absolute Leere ein. Wenig oder gar nichts gilt eine Haltung, welche sich von einer höheren Macht ergreifen lässt. Sie würde sich zeigen, wenn man sie auf sich wirken lässt und das austrägt, was mit einem geschieht.

Wenn Beziehungen nur kurzfristig sind und die Liebe nicht gelingt, darf man den Grund dafür im Verlust dieser Einstellung suchen. Wenn ein Mensch in dieser Gesellschaft nicht mehr mitkommt, geht es um mehr als um ein Versagen des Einzelnen.

---

[2] ebenda, S.23

Es ist nicht damit getan, dass man die Zahl der Psychologen erhöht und neue psychologische Beratungsstellen eröffnet.

Einen Weg aus der Verzweiflung gibt es nicht ohne die Einsicht, dass eine Lebensweise, die nur von Leistung, Stress, von Anforderungen, von Lärm, Ablenkung und schnellem Genuss geprägt ist, lebensfeindlich und dass die viel beschworene Lebensqualität schwer beeinträchtigt ist. Für ein erfülltes Leben braucht es Räume des Aufatmens, die frei sind von Druck und Verzweckung, aber eine wohltuende Stille und gegenseitige Annahme ausstrahlen.

Wie die Liebe nur gelingt, wenn sie eigentätig ihre Dynamik entfalten kann, so ist es sinnvoll, sich an eine höhere Macht zu wenden, welche die verborgene und vernachlässigte Seite unseres Wesens zum Schwingen bringt. Um die angesprochenen Probleme zu lösen sind Schritte zu gehen, die aus dem Ghetto einer verengten Welt zu neuen Möglichkeiten hinausführen.

Es ist dies der Weg zu einer höheren und heilenden Wirklichkeit, der gewöhnlich der *religiöse* genannt wird. Es sind nicht wenige, die einen solchen wie in früheren Zeiten selbst auf der beschwerlichen Wanderung zu einem Wallfahrtsort gefunden haben und dabei in der Tiefe ihres Wesens angekommen sind. Auf dem sogenannten Jakobsweg (nach Santiago de Compostela) entdecken sehr viele nicht nur mittelalterliche Pfade vielmehr noch den Zugang zu ihrer Seele und zu einer neuen Lebensqualität.

Es sei verwiesen auf Carl Gustav Jung, einen der bedeutendsten Psychiater des vorigen Jahrhunderts, der dem Religiösen eine zentrale Rolle bei der Heilung der Seele zuschrieb: *„Das Problem der Heilung ist ein religiöses Problem....Jeder krankt in letzter Linie daran, dass er das verloren hat, was lebendige Religionen ihren Gläubigen zu allen Zeiten gegeben haben, und keiner ist wirklich geheilt, der seine religiöse*

Einstellung nicht wirklich erreicht....Dem leidenden Menschen hilft nie, was er selbst ersinnt, sondern nur übermenschliche geoffenbarte Wahrheit, die ihn dem leidenden Zustand enthebt ".[3]
Wem immer Jesus von Nazareth etwas bedeutet, ist eingeladen, in seiner Bedrängnis das Evangelium neu zu lesen und den zu entdecken, der Leidende, Vereinsamte, Abgelehnte und Übersehene aus ihrer Isolierung befreit und ihnen den Zugang zum vollen Lebendig sein öffnet.

2
Bilder der Verzweiflung

Auf der Titelseite einer Illustrierten - ausliegend im Wartezimmer eines Arztes - sind folgende Schlagzeilen zu lesen: *„Sie (eine bekannte Schauspielerin) kämpft um ihre Kinder"...„Mein Ex-Mann will mich fertig machen"... „Meine Mutter tyrannisiert mich", „Scheidung von...Der große Betrug".*
In einer Ausgabe der Bildzeitung steht in dicken Buchstaben: *„Der Sohn von....rechnet mit seiner Mutter ab", „Die grausame Beichte des...Er zeigt die Narben, die ihm sein Vater zugefügt hat"...*
Hinter den einzelnen Sätzen stehen Schicksale, die aufgeladen sind mit Enttäuschung, Bitterkeit, Wut, Ausweglosigkeit, Ängsten und schlaflosen Nächten. Es sind Katastrophen von Beziehungen. Statt dass sich Menschen gegenseitig aufbauen, das Leben erleichtern, werden sie einander zur Last und zur Bedrohung sogar soweit, dass sie einander die Luft oft abschnüren, oft sogar im ganz wörtlichen Sinn.
Es scheint die Engstelle einer Entwicklung zu sein, in der nur noch einer überleben kann. Es ist nicht immer der böse Wille, eher darf man von einer psychologischen Notwehr sprechen, wenn man einander Leid bis zur

[3] C.G. Jung, Zur Psychologie westlicher und östlicher Religion, Bd. 11, S.369-372

tödlichen Kränkung zufügt. Eine misslungene Beziehung mit gegenseitigen Verletzungen ist ein Knoten, den man nicht mit dem guten Willen allein lösen kann. Alles Ziehen und Zerren macht ihn noch fester. Meist versucht man es mit Durchschneiden. Dies bedeutet gewaltsame Trennung mit zurückbleibenden Wunden. Der Knoten öffnet sich aber nur dann, wenn man in aller Achtsamkeit den einzelnen Fäden nachgeht und sie behutsam lockert.

Um einen Menschen aus seiner Sackgasse zu befreien, ist es nötig, dem inneren Erleben wie den Fäden eines Knotens nachzuspüren. Nur auf diese Weise besteht die Chance, dass sich die verknotete innere Welt ordnet und sich neue Perspektiven auftun. So ist es hilfreich, die Sackgasse von innen anzuschauen. In den Gesprächen beschreiben Betroffene ihre Erlebniswelt in folgenden Worten: *„Ich quäle mich mit schlaflosen Nächten, muss unausgeschlafen meine Arbeit tun, bin bis zum Letzten angespannt und gereizt; ein Wort genügt, um in Tränen auszubrechen oder einen Wutanfall auszulösen. Dabei kann ich für den Zustand gar keinen Grund angeben. Alle sagen: Du hast doch einen so guten Mann, so nette Kinder. Finanzielle Sorgen gibt es auch nicht. Die gute Stimmung ist oberstes Gebot. Man kann sie doch nicht mit saurer Kritik verderben. Alle wollen, dass ich hilfsbereit bin, dass ich immer ein freundliches Gesicht zeige, dass ich nie Nein sage.*

Niemandem konnte ich bisher erklären, wie es wirklich um mich *steht! Ich kann die Leistung nicht erbringen, ohne total erschöpft zu sein. Sollte ich mich weigern, sehe ich schon die hämischen Gesichter und höre: Wie man sich nur so anstellen kann! Am besten wäre: einmal richtig krank sein, etwas vorweisen können, dass man ein Recht auf Entlastung und Ruhe hat. Wie gut täte ein Mensch, der mich nicht sofort unterbricht, der mir allen Ernstes zuhört, bei dem ich das Dauerlächeln ablegen und Tränen zulassen, der mir sagt, dass man auch vor lauter Nächstenliebe und selbstlosem Einsatz überfordert sein kann, dass man auch ein Recht auf ein Stück Eigenständigkeit hat, auf eine eigene Zeit, auf einen eigenen Raum, dass man nicht jedes Kreuz auf sich nehmen muss, sondern nur das, welches zu einem passt".*

3
Dimensionen von Sackgassen

Sackgasse im Beruf

Man spricht heute vom *Burnout-Syndrom* und meint damit psychische Probleme im Beruf.

Nach Wikipedia ist ein *Burnout-Syndrom* (englisch (to) burn out „ausbrennen") bzw. *ausgebrannt sein* ein Zustand *ausgesprochener emotionaler Erschöpfung mit* reduzierter Leistungsfähigkeit.[4]

Das bedeutet: Immer mehr Menschen können nicht mehr arbeiten, weil sie es psychisch nicht mehr schaffen. Die Zahl der Arbeitnehmer, die aus Gesundheitsgründen in die Rente geschickt werden, ist erheblich gestiegen. Ausgelöst wird ein solcher Zustand einmal durch *Überforderung*. Man sieht sich Aufgaben gegenüber, die aufgrund verminderter Belastbarkeit nicht bewältigt werden können. Es kostet eine Riesenanstrengung sich zu konzentrieren, man vergisst vieles oder reagiert falsch. Man hat das Empfinden, als ob man von der immer vorhandenen und abrufbaren Lebensenergie abgeschnitten sei. Man fühlt sich kraftlos und müde.

Dazu kommt der *Misserfolg*. Es fehlen Erfolgserlebnisse und damit auch die Bestätigung der Arbeit und der Persönlichkeit. Die übermäßigen emotionalen und physischen Belastungen führen schließlich zur Erschöpfung, im schlimmsten Fall zu Arbeitsunfähigkeit und Frührente. Die

---

[4] www.wikipedia.org/wiki/Burnout-Syndrom

Seite der Persönlichkeit, die mit Freude an der Arbeit, Lebenslust, mit guter Atmosphäre, mit freundlichem und hilfsbereitem Umgang zu tun hat, ist zusammengebrochen. Man spricht auch vom *Herzinfarkt der Seele*.

Das Auffallende daran ist, dass es hoch motivierte, hoch engagierte und hoch intelligente Personen sind, welche in einen Teufelskreis geraten, aus dem sie aus eigener Kraft nicht mehr herauskommen. Es beginnt mit einer idealistischen Begeisterung, alles besser machen zu wollen, neue Ansätze in die Arbeit einzubringen, die aber von Vorgesetzten und Mitarbeitern weder verstanden, noch geschätzt, noch angenommen werden. Man stößt wie auf eine Mauer. Man glaubt, die Anstrengung noch vermehren zu müssen, vernachlässigt körperliche und seelische Erholung und soziale Kontakte, versteht es nicht mehr, seine Freizeit zu genießen. Freundschaften trocknen aus, die eigene Familie, Lebenspartner und Kinder werden einem fremd. Damit geht einher, dass man die eigene Befindlichkeit gar nicht wahrnimmt, dass man nicht merkt, wie es um einen steht, dass man Zweifel an der eigenen Einstellung von sich wegschiebt oder auf andere projiziert. Wenn man nun einsehen muss, dass sich der ganze Aufwand nicht lohnt, dass man den von außen oder von sich selbst hochgeschraubten Anforderungen nicht gewachsen ist, kippt die Begeisterung in *Resignation* um. Man wird bitter, zynisch, gereizt, verliert das Vertrauen in das eigene Können und in den eigenen Wert. Wer bin ich noch, wenn mein Können und Wissen nichts mehr erreicht und nicht mehr gefragt ist? Dies verstärkt noch dazu die *Isolierung*, die durch den Idealismus sogar vorprogrammiert war. Dieser besteht ja darin, dass man es anders und besser machen will als die andern.

Wenn keine Einsicht eintritt und keine Hilfe in Anspruch genommen wird, wird es immer enger bis zum seelischen und körperlichen Zusammenbruch. Man kann es auch *emotionale* Erschöpfung nennen. Sie ist Hinweis dafür, wie sehr in unserer Ausbildung und in unserer Arbeitswelt der Bereich der Gefühle, des menschlichen Miteinanders, der gegenseitigen Wertschätzung und des ganz persönlichen Sinngefüges vernachlässigt werden.

Den Begriff *Burnout* kann man ausdehnen auf andere Situationen, in denen es nicht mehr weitergeht. Belastungen im Beruf wirken sich aus auf die Partnerschaft und auf die Familie.

Die Erstarrung im emotionalen Bereich trifft auch das religiöse Leben, gerade bei denen, die von Berufswegen damit zu tun haben. Es ist auf jeder Ebene dasselbe. Man ist wie in einer Sackgasse stecken geblieben.

Sackgasse einer Ehe

Die konkrete Situation einer Ehe kann man als Außenstehender folgendermaßen erleben. Es ist Frühstück. Die Frau macht es seit 35 Jahren. Der Mann kommt zum Frühstück im Morgenmantel. Die Zeitung hat er gerade aus dem Briefkasten geholt. Dann ist von ihm nichts mehr zu sehen und zu hören. Er macht sich nur bemerkbar durch Glucksen, wenn er wieder einen Schluck Kaffee nimmt. Die Frau sagt, dass sie heute zum Einkaufen fährt. Ob sie etwas mitbringen soll. Es ist eine Spannung, die mehr als knistert. Soweit die Situation von außen beobachtet. An eine Trennung haben beide noch nie gedacht. Sie ist einfach nicht machbar. Es sind zu viele Verflechtungen mit der Verwandtschaft, den Schwiegereltern, mit dem Vermögen. Eine absichtlich herbeigeführte Trennung wäre eine Katastrophe für alle Beteiligten.

Eine andere Frau, seit zwanzig Jahren verheiratet, schildert den Zustand ihrer Ehe so: *„Wir leben zusammen und sind doch so weit weg voneinander. Das Schlimme ist, dass mein Mann das gar nicht merkt, dass er* *meint, wir seien ein glückliches Paar. Er ruft mich bei jeder Gelegenheit an obwohl ich eigentlich meine Ruhe haben möchte. Der körperliche Austausch, überhaupt körperliche Nähe ist mir zuwider, weil die Seele nicht mitschwingt. Ich kann ihm nicht sagen, wie es mir wirklich zu Mute ist, ich bekomme kein Echo und stoße nur auf eine Mauer. Es ist eine Atmosphäre, in der man nicht mehr atmen kann. Am liebsten ist es mir, wenn er nicht da ist."*

Ein andere Aussage: *„Der Mensch, der mit mir lebt und der mir einmal wichtig war, ist mir so fremd geworden. Ich weiß nicht, was in ihm vorgeht. Wir leben nicht mehr miteinander, wir leben nebeneinander her"*.

Es ist wahr: Eine Beziehung kann tatsächlich austrocknen, im wörtlichen Sinn *„nichts-sagend"* werden.

Es gibt Entwicklungen, in denen die emotionale, erotische und personale Anziehung erloschen ist. Es treffen dann die Kennzeichen eines Burnouts zu: Gleichgültigkeit, keine spontane Anteilnahme, keine der Situation entsprechende Hilfsbereitschaft, keine harmonische Zusammenarbeit. Es finden keine Erfolgserlebnisse mehr statt. Konkret heißt das: Kein erfüllender sexueller Austausch, keine Nähe, wo man sich öffnen kann, kein Gespräch, das von selbst läuft.

Wenn das Zusammensein nur noch anstrengend wird, kommt es ähnlich wie in der Arbeit zu Erschöpfungszuständen. Der andere wird einem zur Last statt zur Freude, ohne dass man es will.

Die Sackgasse des grausamen Schicksals

„Ich wurde vom Schicksal geprügelt" sagt eine Frau, die Jahre gegen Krebs ankämpfte, die Chemotherapie wie eine Folter erleiden musste und nun erfuhr, dass auch ihre erwachsene Tochter davon befallen ist. Es gibt Schicksale, die so hart und grausam sind, dass man davor nur

verstummen kann.

Der Anruf einer anderen Frau hat folgenden Inhalt: Sie ist total verzweifelt. Sie ist dabei, ihren an Hirntumor erkrankten Sohn im Krankenhaus zu besuchen. Es ist schon die zweite Therapiereihe, die an ihm versucht wird und es ist nur noch ein kleiner Funke Hoffnung. Sie steht ganz allein da. Ihren Mann hatte sie schon vor 20 Jahren verloren, ebenfalls an Krebs. Ihr Bruder kam durch einen Unglücksfall ums Leben. Ihr Vater war im Krieg gefallen. Ihre Mutter war an Krebs gestorben. Sie selbst hat eine Tumor-Operation hinter sich, in welcher ihr beide Brüste abgenommen wurden. Obwohl sie eine tieffromme Frau ist, tut sie sich schwer, an einen gütigen Gott zu glauben.

Das Schicksal des bekannten Schauspielers *Joachim Fuchsberger*, der mit 83 seinen Sohn auf tragische Weise verlor, sei ebenfalls angeführt. Man stellte ihm die Frage: „*Hatten Sie nach dem Tod Ihres Sohnes das Gefühl, jetzt könnte Religion Ihnen* irgendwie helfen? Fuchsberger:„*Nein. Es wäre schön, wenn man jetzt an einen Gott glauben könnte. Aber ich kann es nicht. Ich beneide alle Menschen, die ihren Trost in einem starken Glauben suchen und finden. Ich habe in unserer* Todesanzeige geschrieben: „*Völlig sinnlos hat der Tod das Licht des Alters* gelöscht".[5] Von den Worten des Pfarrers ist er enttäuscht. Er hatte es offensichtlich nicht vermocht, den vom Schicksal Getroffenen aus der Verzweiflung zu befreien.

Bleibt noch eine Sackgasse, der niemand entrinnen kann. Was ist, wenn nach einer medizinischen Diagnose für einen selbst keine Aussicht mehr besteht? Die volle Wahrheit an sich heranzulassen ist schmerzlich und mühsam. Meist versuchen die Angehörigen, den Ernst der Situation zu mildern und geraten mit dem Leidenden in die Falle der Unehrlichkeit.

---

[5] Süddeutsche Zeitung, Magazin vom 28.1.2011, S.18

Damit entfernen sie sich von dem, welchem sie beistehen wollen. Man redet womöglich noch von Kuraufenthalten und Zukunftsplänen, wo der Betroffene schon ganz woanders ist und sich allein und unverstanden fühlt. Andererseits kann eine Atmosphäre der Offenheit und des Vertrauens, welche die volle Wahrheit zulässt, eine ganz neue Situation schaffen. Es gibt Sterbende, die dem Kommenden voll ins Auge blicken und die Trauernden trösten, anstatt von ihnen Trost zu erwarten. Berichte sind durchaus glaubhaft, in denen auf dem Gesicht des Sterbenden ein Leuchten erscheint und nach dem Eintreten des Todes sich eine tiefe, freudige Ergriffenheit im Raum ausbreitet. *„Sterben ist eine erhabene Sache"* sagt der alte Indianer, der einen amerikanischen Studenten in die spirituellen Wege eines alten Indianerstammes einführt.[6] Er will seinem Schüler vermitteln, dass Sterben keineswegs nur ein Erleiden eines grausamen Schicksals sein muss, sondern bewusst in Würde gestaltet werden kann. Der evangelische Theologe und Widerstandskämpfer Dietrich Bonhoeffer sprach von einem Fest, das ihn erwartet. *„Komm nun, höchstes Fest auf dem Wege zur ewigen Freiheit"*, schreibt er in Erwartung des Todes.[7]

Was als Sackgasse von Angst, Verzweiflung und Tränen erscheint, ist nicht das Ende. Sie öffnet sich in eine nicht vorstellbare Weite. Der libanesische Schriftsteller Khalil Gibran ist überzeugt, dass das Geheimnis des Todes im Herzen des Lebens zu finden ist. Dies kann heißen: hineingezogen werden in Leidenschaften, in Glück, Jubel, Enttäuschung, Abschied und Leid, die Liebe, Ehe, Kinder, Religion und Gott mit sich bringen. Wer sich dem bewusst stellt, dem wird es in der letzten Phase seines Lebens nicht zu eng.

Die religiöse Sackgasse

In früheren Zeiten war es so, dass man in bedrängten Situationen Zu-

---

[6] Vgl. Castaneda Carlos, Reise nach Ixtlan, Die Lehre des Don Juan, Frankfurt 1976

[7] Dietrich Bonhoeffer, Wiederstand und Ergebung, Gütersloh 1994, S.197

flucht im Religiösen suchte, sei es im Gebet, in einer Wallfahrt oder bei einem Seelsorger.

Doch dieser Weg ist immer mehr Menschen verschlossen. Sie finden in den Angeboten der christlichen Religion nicht das letzte, tragende Fundament, das sie für ihr Leben bräuchten.

Für sie haben die christlichen Wahrheiten schon längst ihre Bedeutung verloren. Die Sonntagsmesse sagt einem nichts mehr. Es läuft etwas ab, das einen nicht mehr anspricht. Die Texte sind einem so fremd, als ob sie lateinisch wären. Was noch gravierender ist: Man kann auch nicht mehr beten. Es ist alles wie tot. *„Warum soll ich mich durch den Tod Jesu erlöst fühlen?"* kann man hören. *„In der Kirche finde ich keine Antwort auf meine Fragen, eher schon in der Übung der Zen-Meditation oder bei den Indianern."*

Es komme einem vor, als ob das mit Gott doch nur Fantasie gewesen sei, eine Phase im Leben, die nun endgültig vorbei sei.

Mit dem Religiösen verbindet sich unmittelbar das Thema *Kirche*. Mit dem neuen Papst, der durch seine unmittelbare, spontane Art überrascht und beeindruckt, ist auch eine große Hoffnung erwacht. Die Frage ist: Wird er das Blatt wenden? Wird er der Kirche in unserem Land neues Ansehen und neuen Glanz verleihen? Das würde bedeuten, dass keine müde und abwehrende Stimmung mehr aufkommt, wenn bei einem Gespräch das Stichwort „Kirche" fällt.

In der letzten Zeit war es ja so, dass die Gesichter meist einen abweisenden, oft sogar bitteren Charakter bekamen. Es waren nicht nur die Missbrauchsgeschichten der letzten Jahre, es machte sich eine allgemeine Unzufriedenheit bemerkbar selbst bei solchen, die bisher treu zur Kirche hielten. Man las von Konfrontationen, sogar von Empörung des Kirchenvolkes über ihren Bischof wegen der Zusammenlegung der Pfarreien. Selbst gutwillige, treue Gläubige hatten den Eindruck, sie werden als Mitglieder der Kirche nicht ernst genommen, eher entmündigt. Es folgten Enttäuschung, Ärger, Zorn, Abkehr, Desinteresse und zuletzt Austritte sogar in jenen Regionen, die bisher als unerschütterlich galten. Offensichtlich ist die Freude an der gemeinsamen Sache geschwunden. Der Eindruck ist: Die Institution, die sich auf Jesus beruft, strahlt nicht die Zuversicht aus, um den Hoffnungslosen ein fester Halt zu sein und neue Wege in die Zukunft zu weisen. Wie froh wäre man, wenn die Aufbruchsstimmung der Konzilszeit vor 50 Jahren wieder einkehren würde. Stattdessen erlebte man einen Abbau und einen Abbruch, wie es die Kirchengeschichte seit 500 Jahren nicht mehr gesehen hat. Stichwörter sind: die schon erwähnte Zusammenlegung der Pfarreien wegen Priestermangel, sogenannte Umwidmung, das heißt Aufgeben von Kirchen, Auflösung von Klöstern, kein Nachwuchs bei den Orden, Überalterung der Kirchgänger wie des Klerus und der Ordensleute.

Dazu kommt das Unverständnis im Blick auf die kirchlichen Maßnahmen gegenüber geschiedenen Eheleuten, die eine neue Verbindung eingegangen sind. Allein diese Tatsachen schaffen eine bedrückende Atmosphäre und verhindern freudige Zustimmung, Mut und Zuversicht.

Es ist nicht zu leugnen, dass die Menschen der Kirche in Scharen davon laufen. Jedes Jahr sind es zwischen neunzig und hundert Tausend. Es ist die Zahl einer Großstadt. Man tröstet sich gerne mit der Feststellung, dass ja Jesus selbst einen Abfall seiner Jünger erleben musste (Vgl. Joh 6,66) und dass die hohe Anforderung des Evangeliums nicht für jeden sei. Aber es sind nicht nur die religiös Gleichgültigen, die sich eine unnötige Ausgabe sparen wollen. Es sind nicht wenige, die religiös und sozial hoch motiviert sind, vor allem aber existentiell Suchende, die einen höheren Anspruch an spiritueller Erfahrung und kritischem Denken stellen, als im herkömmlichen, kirchlichen Angebot zu haben ist.

Was sehr nachdenklich stimmen sollte, ist die Rolle der Orden mit ihren

Klöstern. Sie galten einst als die Zentren des religiösen Lebens, waren die Vorreiter von spirituellen und geistigen Aufbrüchen und haben ganz wesentlich dazu beigetragen, die bedrohlichen Krisen zu überwinden. So war es im Hochmittelalter die Inspiration des heiligen Franziskus, die in einer verweltlichten Kirche das Evangelium neu aufleben ließ. Ebenso waren es nach der Glaubensspaltung des 16.Jahrhunderts die Jesuiten und Kapuziner, welche der alten Kirche wieder zu neuem Leben verhalfen.

Bei allen mühevollen Einsätzen vermögen es heute die religiösen Gemeinschaften nicht, den Herausforderungen der Zeit gerecht zu werden und die entscheidende Wende herbeizuführen. Stattdessen kämpfen sie um das bloße Überleben und der größere Teil hat nach menschlichem Ermessen keine Chance, die nächsten Jahrzehnte zu überstehen. Wie soll ein junger Mensch in einer Gemeinschaft eine Zukunft sehen, in welcher bei jeder Versammlung darüber beraten wird, welches Kloster als nächstes aufgelöst wird und von der die Mehrheit der Mitglieder der Generation der Großeltern angehört? Es ist deshalb nicht unberechtigt, neben einem individuellen von einem *kollektiven Burnout* zu sprechen.

Dies kann uns auch auf die Spur bringen, die weiterhilft.

Als Hauptkennzeichen der verzweifelten, aussichtslosen Situation wurde *„emotionale Erschöpfung“* genannt. Das will heißen, dass die positiven Emotionen, die Kräfte für freundliche Zuwendung und Begegnung, für eine wohltuende und heilende Atmosphäre, für Mut und Unternehmungsgeist, für überzeugende Rede und verständnisvolles Gespräch erschöpft sind. Es geht um den Raum des Erlebens, der in der Heiligen Schrift *„das Herz“* genannt wird. Es ist ernsthaft zu prüfen, inwieweit die Klage Jesu über das Unverständnis der Gesetzeslehrer die Situation unserer Tage trifft. *„Dieses Volk ehrt mich mit den Lippen, ihr Herz aber ist weit von mir!“* (Mt 15,8). Mit *„Herz“* ist mehr gemeint als der gute Wille, das

Rechte zu tun. Es hat zu tun mit *„Herzlichkeit“*, mit spontaner, nicht gemachter Zuwendung, mit verstehen und verstanden werden, mit betroffen sein im Innersten, mit handeln und reagieren in Authentizität, in einem Klima, in dem man atmen kann, wo die Gefühle fließen dürfen.

Genau das ist es, was die Enttäuschten und Kritischen im Raum der Kirche vermissen. Das Gesagte dürfte in dem Gebot enthalten sein, das von Jesus und von seinen Gegnern als das größte und erste bezeichnet wurde. *„Du sollst den Herrn deinen Gott lieben aus deinem* ***ganzen*** *Herzen, deiner* ***ganzen*** *Seele und deinem* ***ganzen*** *Denken (Dtn 6,5)...Das zweite ist ihm gleich: „Du sollst deinen Nächsten lieben wie dich selbst!“* (Mt 22, 37-38). Es fällt auf, dass dreimal das Wort **„ganz“** genannt wird. Damit gehört die *Ganzheit* zur Erfüllung des Gebotes. Das bedeutet: denken, nicht ohne dass man das Gefühl beachtet, fühlen und handeln nicht ohne den Verstand.

Man kann das Gewünschte aber nicht von oben verordnen. Wohl könnte vom neuen Papst ein Funke überspringen. Selbst wenn die gute Stimmung anhält, darf nicht außer Acht gelassen werden, dass eine wirksame Lösung der Probleme harte, nüchterne Arbeit erfordert. Im Letzten ist eine Wandlung der Einstellung gefordert mit neuen Akzenten und Prioritäten.

Dazu gehört als erstes die Wachheit für existentielle Vorgänge, für Größe und Tragik von Lebensgeschichten, für den konkreten, einzelnen Menschen, so wie er vor einem sitzt. Das Wesentlichste ist aber die Tiefe des Spirituellen. Es dürfte nicht sein, dass Suchende auf diesem Gebiet eher außerhalb der Kirche in Zen-Kursen ihre Sehnsucht nach spiritueller Erfahrung - das heißt nach Gott - eher erfüllt finden als im kirchlichen Angebot.

Eine neue Einstellung ist das Ergebnis eines inneren Weges, einer Entwicklung. Dazu braucht es therapeutisches und asketisches Bemühen. Denn das Herz als Sitz der Gefühle und der neuen Ausrichtung hat eine eigene Dynamik, die nicht unmittelbar unserem Willen unterliegt. Nun ist es so, dass Gefühle in der theologischen Lehre gar keine, in der Ausbildung der Seelsorger kaum eine Rolle spielen.

Es ist aufschlussreich, was im Lexikon für Theologie und Kirche unter dem Stichwort *„Liebe“* steht.[8]

Als erster Punkt wird der *Handlungscharakter* der Liebe hervorgehoben, der im Gegensatz zur spontanen Zuwendung erst eine moralische Qualität besitze. Dem Thema *„Liebe als Erfahrung“* das heißt dem *Gefühl* wird keine nähere Betrachtung gewidmet. Damit wird der Wert dieses Bereichs, der für die Menschen in einer kalten und beziehungslosen Umwelt so ungemein wichtig und kostbar ist, übergangen. Hier ist wohl der Punkt, an dem kirchliche Entscheidungen und das Empfinden der meisten unserer Zeit am weitesten auseinander driften und wo die tiefsten Verletzungen geschehen. Dies zeigt sich in den offiziellen, kirchlichen Stellungnahmen, wenn es um die Zulassung zur Kommunion von Wiederverheirateten Geschiedenen geht.

Wenn Gefühle nicht beachtet werden, fühlen sich Menschen nicht ernst genommen. Enttäuschung, Abwendung und Aggression sind die Folge.

Wer im Auftrag der Kirche tätig ist, bekommt dies zu spüren. Er ist der Stimmung eines kirchenkritischen Publikums ausgeliefert. Es ist nicht zu verwundern, wenn auch Seelsorger vom beschriebenen Burnout eingeholt werden.

Sie haben ja in erhöhtem Maß mit *Erfolglosigkeit* zu kämpfen. Sie können den Fluss der Emotionen, welcher das öffentliche Denken bestimmt, nicht ändern. Sie müssen ohnmächtig zusehen, wie sich immer mehr von der Sache, die sie vertreten, abwenden.

Dazu kommt die *Isolierung*, in der kein lebendiger Austausch mehr

---

[8] LTHK (1997) Art. Liebe

stattfindet. Isolierung hat damit zu tun, dass man nicht an die Gefühle seiner Umgebung, noch weniger an die eigenen angeschlossen ist; man trifft in seinen Aussagen und in seinem Erscheinen nicht das, was den Zuhörern wichtig ist. Damit entfernt man sich immer mehr und gerät weiter ins Abseits. Das geht so weit, dass einen, der die Position des Evangeliums vertreten sollte, die Fragen und Erwartungen der Gläubigen, weder Kritik noch Zustimmung berühren.

Äußerungen von kirchlichen Stellen werden vom Kirchenvolk wie von einer fremden Welt kommend empfunden. Sie treffen nicht die real erlebte Wirklichkeit. Was nicht verstanden wird, schafft Desinteresse und Gleichgültigkeit. Viele schalten beim Hören des Hirtenbriefes schon nach zwei Sätzen ab. Zum Lesen rafft man sich erst gar nicht auf. Wenn aber damit Maßnahmen verbunden sind, die in das konkrete Leben einschneiden, gibt das Ärger und trägt zur weiteren Distanzierung bei. Gerade den Seelsorger trifft die *emotionale Erschöpfung*.

Wenn wechselseitiger Austausch nicht mehr stattfindet, stauen sich die Emotionen. Das macht Druck, verzerrt die Wahrnehmung und das Denken. Man wird weder den Menschen noch dem Auftrag Gottes gerecht. Weil die Kraft dort fehlt, wo sie gebraucht würde, wird der Stillstand an weiterführenden Ideen und Aufbrüchen festgeschrieben. Wenn man, angespornt von hohen Idealen, nur gelernt hat, Emotionen zu beherrschen und zurückzuhalten, führt dies eher zu Abwehr und Verschlossenheit im Umgang miteinander als zu Herzlichkeit und gegenseitiger Bejahung. Das hat zur Folge, dass die Strömung der Zeit von der Kirche nicht mehr erfasst, beeinflusst und gelenkt wird, sondern an ihr vorbeifließt oder wie ein Fluss die Gegend überschwemmt und alles Denken und Reden eintrübt. Dabei wäre es die Aufgabe der Christen, Sauerteig für eine bedrohte Welt zu sein. Sie hätten sogar die dazu nötige Energie, wenn sie geweckt wäre.

Es wäre aber zu vordergründig, würde man nur den emotionalen Anteil der Erschöpfung sehen. Mehr noch ist eine *spirituelle Austrocknung* zu beklagen, welche nicht durch gesteigerte Praxis der Volksfrömmigkeit und auch nicht durch Massenveranstaltungen behoben werden kann.
Das kirchliche Angebot richtet sich ausschließlich an Menschen, die von Haus aus schon religiös sind. Wer das nicht ist, findet keinen Zugang.
Aber es ist eine Sehnsucht da, die schlecht in theologischen Begriffen erfasst werden kann. Die Begriffe *„Sinn"* und *„Werte"* werden häufig genannt, um das theologische Dasein in einer säkularisierten Welt zu begründen. Sie überzeugen aber nur, wenn die Erfahrung statt der bloßen denkerischen Leistung mitgeliefert wird. Im Letzten suchen so viele, ob in Zen-Klöstern, in Meditationszentren, in esoterischen Gruppen nach einer Ergriffenheit, welche sie der Verwirrung und Verödung der Emotionen entreißt.
Manche Versuche mögen andere Namen haben, aber man kann doch darin das Streben erkennen, das Wahrnehmungsorgan für die transzendente Wirklichkeit zu wecken oder mit anderen Worten *wieder religiös zu werden.*

4
Öffnen der Sackgasse

Wer bin ich?
Misserfolg, Ablehnung und Missachtung verletzen in hohem Maße das Selbstwertgefühl. Wer bin ich noch, wenn ich nicht mehr gebraucht werde? Viele verfallen in den Fehler, der Umgebung, dem Arbeitgeber, dem Ehepartner, der Kirche die Schuld zu geben und eine Veränderung zu fordern. Weil sich aber von dieser Seite nichts tut, wird der unglückliche Zustand festgeschrieben. Man kann vor Leid, Bitterkeit und

Wut gegenüber der Wirklichkeit blind werden und entsprechend handeln. Man zerstört dann noch den letzten Funken an Vertrauen. Mit Vorwürfen kann man sich keine spontane Zuwendung holen. Man verbaut sich auf diese Weise den Weg aus seinem Ich-Gehäuse. Die Einsicht ist nicht leicht zu haben, dass der Schlüssel einer Wende in einem selbst liegt. Es ist nämlich die innere Struktur, welche die Wahrnehmung beeinflusst, die Dinge nicht gelingen lässt und in die Sackgasse führt. Man spürt sich selbst nicht mehr, Verstand und Gefühl sind getrennt. Damit ist man abgeschnitten von den Quellen der Kraft. Man hat keinen Elan mehr bei der Arbeit, auch keine Lust zu Unternehmungen in der Freizeit. Man muss sich zu allem zwingen.

Solange man selbst unter Druck steht, setzt man, ohne es zu wollen, auch andere unter Druck, sodass sich der andere vor einem verschließt. Man isoliert sich immer mehr. Damit wird der Druck umso größer.

Hilfreicher ist es, zu sich selbst zu sagen: *Wenn ich schon im Außen nichts verändern kann, so kann mich niemand daran hindern, mich selbst zu verändern*. Betroffene sagen: Es wurde dann besser, als ich merkte, dass in mir selbst etwas nicht stimmt, und als ich darüber reden konnte. Der Wendepunkt liegt in der eigenen Betroffenheit.

Es beginnt mit der *Einsicht* im ganz wörtlichen Sinn nämlich, dass man in sich selbst hineinsieht. Dazu können Träume eine Hilfe sein. Sie sind ein Blick in die inneren Vorgänge, die unser Denken, Erleben und Handeln vorbereiten, ein Blick in die Werkstatt der Seele, der einen aufrütteln soll. Wer im Traum einen Obdachlosen auf der Straße liegen sieht, sollte sich mit der Tatsache vertraut machen: Das bin ich selbst in meinem inneren Zustand. So schaut mein innerer Mensch aus: Ausgestoßen, vereinsamt, mittellos, *„draußen vor der Tür"*. Es ist berechtigt, die Sehnsucht nach Nähe und Geborgenheit zuzulassen. Der Schmerz kann einen zum Handeln antreiben, so dass man die Hilfen, die heute öffentlich angeboten werden, in Anspruch nimmt.

Für viele sind die Wörter *„psychologisch"* und *„Psychotherapie"* eine fast unüberwindliche Hemmschwelle. „Ich bin doch nicht verrückt" kann man hören. Sich einzugestehen, dass man diese Hilfe braucht, kommt einer moralischen Niederlage gleich. Dabei ist es nichts anderes, als ehrlich zu sich selbst zu sein. Es erinnert auch an die Szene aus der Erzählung vom verlorenen Sohn (Lk 15, 11-32). Als dieser bei den Schweinen sitzt und sein ganzes Elend spürt, treibt ihn der Schmerz, dorthin zu gehen, wo es jeder Knecht besser hat, nach Hause.

Es bringt einen weiter, sich seinem wahren Befinden voll und ganz auszusetzen, statt nur zu klagen und die Lösung bei den andern im täglichen Umfeld zu suchen. Zudem geht es in der Psychotherapie eigentlich nur darum, den Hilfe Suchenden in seiner Erlebnis- und Vorstellungswelt das heißt in seinen Gefühlen ernst zu nehmen. Als eigenständige Person geachtet und anerkannt zu werden - darin liegt die Wurzel der Heilung.

Emotionale Erholung

Was Menschen unserer Zeit bedrückt, ist nicht die Schuld, vielmehr die *Erschöpfung*. Das Wort allein ist schon entlastend. Es ist kein Vorwurf, kein Anspruch, keine Entwertung. Ein Erschöpfter braucht vielmehr Erholung. Dies gilt auch im emotionalen Bereich.

Aufschlussreich ist hier die Einsicht des Philosophen Spinoza: *„Affekte werden nie durch die Vernunft, sondern nur durch stärkere Affekte aufgehoben"*.[9]

Gesucht ist eine Neuheitserfahrung, die überzeugender ist als das bisherige Durcheinander an Gefühlen, Impulsen, Anschauungen und Gedanken. Es ist nach wie vor das vor Jahrzehnten entdeckte, einfühlende und verstehende Gespräch, welches ein solches Erleben ermöglicht.

[9] zit. nach Dietrich Bonhoeffer, Widerstand und Ergebung, Gütersloh 1994, S.201

Die Methode geht auf den amerikanischen Psychotherapeuten Carl Rogers zurück. Er hat nachgewiesen, dass bei seinen Klienten dann eine merkliche Besserung eintritt, wenn sie über das reden können, was sie zutiefst beschämt, verunsichert und hemmt. Es ist ein Raum des Aufatmens, in dem der Suchende sein darf, wie er ist, nichts zu verstecken braucht, wo jedes Wort und jedes Gefühl ernst genommen wird. Es darf das gesagt werden, was man bisher nie recht in Worte fassen und noch niemand sagen konnte. Es verliert von seiner lähmenden Macht.

Ich denke an eine Frau, die mit vierzig zum ersten Mal erlebt, dass ihr jemand aufmerksam zuhört. Sie, die immer übergangen wurde, sich immer zurückgenommen hat oder immer nachgeben musste, steht nun im Mittelpunkt und darf Zeit und Raum für sich beanspruchen. Was die Leidende bisher vermisst hatte, Bestätigung und Annahme, wird ihr gewährt. Es wird ihr vermittelt, weniger mit Worten, als durch die Art der Beziehung, dass sie einen Wert darstellt, dass es berechtigte Gründe gibt, warum sie das Geforderte nicht leisten kann. Wörtlich könnte es heißen: *Du bist nicht hysterisch, du bist nicht verrückt, du bist nicht schlecht, dein Anliegen ist berechtig.*

Ein solches Gespräch wird als große Erleichterung erlebt. Der/die Hilfe Suchende wird in eine tiefere Schicht seiner Seele eingetaucht und kommt so seinem Wesenskern näher. Die festgefahrenen Emotionen kommen wieder in Fluss und mit ihnen auch die Tränen. Energie wird geweckt und damit die Erschöpfung gemindert. Vertrauen, Mut und Freude am Leben kehren zurück. Es schwindet die Mauer, die andere von einem abgeschottet hat. Die Last, alles allein tragen zu müssen, wird überwunden und mit ihr auch die Einsamkeit. Es kann sogar sein, dass eine eingefrorene Beziehung wieder auflebt. Eine gute Partnerberatung kann bewirken, dass beide sich neu begegnen oder versöhnt auseinandergehen.

Wenn sich neue Perspektiven, begleitet von entsprechender Energie, auftun, baut sich das Selbstwertgefühl wieder auf, welches Misserfolg, Ablehnung und Missachtung schwer beeinträchtigt hatten. Damit geht einher, dass man seine Stärken und seine Fähigkeiten neu kennen lernt, sie richtig einzuschätzen und einzusetzen vermag und damit Enttäuschungen vermeidet. Man ist auf dem Weg zu seiner bisher noch nichtgelebten Identität.

In manchen Kreisen wird das Verfahren von Carl Rogers als veraltet bezeichnet. Die Forderung nach emphatischer Einstellung gehöre heute durchaus zu theologischen Abhandlungen. Insofern sei das Gesagte nichts Neues. Das Entscheidende aber ist, ob das Klima des einfühlenden Verstehens, der Rücksichtnahme, der Achtsamkeit, der Authentizität in kirchlichen Räumen tatsächlich spürbar ist. Das kann man nicht gerade behaupten. Man beklagt, dass kritische Rückmeldungen nicht angenommen werden und der freie Meinungsaustausch unterdrückt wird. Man vermisst Echtheit und Authentizität.

In Wirklichkeit kann die Einstellung, die Rogers einfordert, nie veraltet sein; denn der Erfolg hängt davon ab, wie echt, wie tief, wie engagiert, wie betroffen und wie lebendig der Seelsorger, Therapeut und Lebensberater selbst ist. Die existentielle Kraft und Bedeutsamkeit seines Interesses ist in diesem Fall nicht an die Rolle gebunden, sondern an die Wahrheit seines Menschseins. Man erwirbt sie nicht nebenbei vom Lesen eines Artikels oder auf einem Wochenkurs. Erst die harte, ehrliche Auseinandersetzung mit der eigenen Lebensgeschichte in Zusammenhang mit dem, womit heute Menschen sich herumschlagen, verleiht die Fähigkeit, heilend und ordnend auf die Schicksale anderer und in die Geschehnisse unserer Zeit einwirken zu können.

Niemand wird leugnen, dass es sich hier um *urchristliche Qualitäten* handelt. Die Botschaft vom Heil, von der so oft geredet wird, greift nur dann, wenn der Verkünder sie selbst geworden ist.

Es wäre zu kurz, Methoden aus der Psychotherapie in der Absicht zu übernehmen, um Erfolge wieder aufzuholen. Vielmehr geht es darum, die in diesem Fach gewonnenen Erkenntnisse bei sich selbst und im Raum der Kirche als urchristlichen Auftrag, als Gebot des Evangeliums umzusetzen. Es würden sich die Akzente etwas verlagern: etwas weg von den Theorien und Idealvorstellungen hin zum ganz konkreten Menschen.

Die überzeugende Neuheitserfahrung

Um es noch einmal zu sagen: Ratschläge, rationale Gründe, willentliche Anstrengungen, nicht einmal die Botschaft von einem besseren Leben vermögen aus der Sackgasse zu befreien. Es kann nur ein Ereignis sein, das den ganzen Menschen erfasst, Kopf und Herz, Vernunft und Emotionen. Es muss tiefer gehen, mehr anziehen und faszinieren als alles Bisherige. Eine Erfahrung, welche den Bereich des Emotionalen und Spirituellen umschichtet und auch dem Denken eine neue Ausrichtung gibt. Es handelt sich um ein Ergriffenwerden von einer Macht, die jenseits unseres kleinen Ich-Rahmens liegt und die doch als unser wahres Selbst erlebt wird. Es geschieht etwas mit uns, das wir selbst nicht machen. Dies spricht für eine höhere Instanz in der Tiefe unseres Wesens, die uns von innen her führt, unsere Impulse und Einfälle ordnet und uns zum größeren Umfang unserer Persönlichkeit führen will.

Es ist das Zentrum unseres seelischen Organismus, das größer ist als unser kleines Ich mit seinem eingeschränkten Bewusstsein und Können. Wer daran angeschlossen ist, ist ganz er selbst, das heißt echt und wahrhaftig, vertrauenswürdig, voller Güte und Einfühlungsvermögen, strahlt Erfüllung und Freude aus.

Das Ergriffensein ist die Spur, auf der wir der letzten Wirklichkeit begegnen, die wir Gott nennen. In der Sprache der Tiefenpsychologie C. G. Jungs ist es *der Archetyp des Gottesbildes oder der Ganzheit*, der ergreift. Das heißt: Gott ist dort, wo man *ganz* ist, wo die Richtung der Gefühle und vernünftiges Denken sich nicht mehr ausschließen. Es kann in der Einsamkeit und der Stille geschehen, im Eindruck einer Landschaft oder beim Hören eines Musikstückes. Aber es kann auch sein in Begegnungen, die man als erotisch-spirituell bezeichnen mag, in der jeweils eine Frau einem Mann, ein Mann einer Frau die innerste Kammer des Herzens aufschließt.

Bei verzweifelten Menschen dürfte es wohl das einzig mögliche sein, zusammen mit ihm zu schweigen, sich von der Schwere des Schicksals betreffen zu lassen, mitzufühlen und mitzuleiden. Wenn der Trauernde spürt, dass sich ein Raum öffnet, in dem er mit seinem Schmerz nicht mehr allein ist, kann wohltuender Trost aufsteigen. Es kann sogar sein, dass die Botschaft von einem guten, rettenden Gott ankommt.

Man kann zwar solche Erlebnisse nicht erzeugen, aber man kann sich ihnen nähern und sich für sie bereit machen. Dazu gibt es Wege, welche unsere ganze Aufmerksamkeit und den ganzen Einsatz beanspruchen, wo auch der Leib mit einbezogen wird. Am bedeutendsten davon ist das Sitzen in der bewusst angenommenen, erfüllten Stille. Sie ist jedem zugänglich. Es wird nichts übergestülpt, man muss nicht etwas annehmen, was man nicht begreifen kann. Es führt in die Tiefe und öffnet den Raum des ganz Anderen, des Religiösen. Eine wesentliche Rolle spielt dabei die Wahrnehmung des Atems. Eine Einführung zu einem solchen Seminar dazu hat folgende Ausschreibung: *„Damit wir wieder aufatmen können, damit uns das Beten leichter fällt, damit das Religiöse mitten im Leib spürbar wird, damit die Stille kostbar wird, damit das Herz höher schlägt".*

Ein anderer Zugang ist die schon genannte Entdeckung der Fußwallfahrt, der alten Wallfahrtswege nach Santiago, nach Rom, Assisi, oder sogar nach Jerusalem. Die Konzentration auf die Füße lenkt von den immer kreisenden Gedanken ab, führt zum Erleben der Ganzheit von Leib, Seele, Geist und zur Erfahrung von Transzendenz. Es bestätigt die Erfahrung: *Das Religiöse geht über den Leib*. Wir kommen über die bewusste Leiberfahrung, über die Stille wie über das Gespräch zur Tiefe und Quelle unserer Gefühle und sind auf dem Weg zu einer neuen, beglückenden und überzeugenden Form des Religiösen.

Was hier gesagt wird, ist nicht eine konstruierte Theorie. Dahinter steht erfahrene Wirklichkeit. Dazu sei die Geschichte einer Frau angeführt, welche die Bitterkeit einer misslungenen Ehe, eines körperlichen Zusammenbruchs und einer religiösen Sackgasse bis zum letzten auskosten musste. Als sie sich auf den beschriebenen Weg begeben hatte, geschah mit ihr eine umgreifende, innere Wandlung. Sie schildert ihren neuen Zustand mit folgenden Worten: *„Meine Tage sind gut, es ist wie wenn mein Herz Flügel bekommen hätte und meine Seele neuen Raum findet, leicht und zart. Es ist wie wenn ich neu leben darf. Leichtigkeit, Liebe, innige Herzberührung und die Kraft, andere zu begleiten, spüre ich. Schweres wird leicht“.*[10]

[10] Die Frau ist dem Verfasser bekannt

Freude und Hoffnung
Trauer und Angst

Die pastorale Konzilskonstitution *„Gaudium et Spes - Über die Kirche in der Welt von heute“* beginnt mit den Worten:
„Freude und Hoffnung, Trauer und Angst der Menschen von heute, besonders der Armen und Bedrängten aller Art, sind auch Freude und Hoffnung, Trauer und Angst der Jünger Christi. Und es gibt nichts wahrhaft Menschliches, das nicht in ihren Herzen seinen Widerhall fände“.[11]
Die Aufgabe der Kirche ist es demnach, die Angst zu mindern, Freude und Hoffnung zu mehren. Der Weg dazu ist die Trauer.
Sie beginnt damit, dass wir berechtigte Kritik auf uns wirken lassen und nicht von vorneherein abwehren. Dazu sagt Eugen Biser, emeritierter Professor am Guardini-Lehrstuhl für christliche Weltanschauung und Religionsphilosophie an der Universität München: *„Was den heutigen Menschen am Glauben irre macht, ist tatsächlich schon längst nicht mehr die Frage nach der Urzeugung oder der Tierabstammung des Menschen, sondern die Unfähigkeit der Kirche, auf seine Sorgen verstehend einzugehen, seinem vielfach frustrierten Glücksverlangen entgegen zu kommen und ihm in seiner Überforderung, Vereinsamung und Lebensangst einen Raum des Aufatmens, der Solidarität und der Geborgenheit zu bieten“.*[12]
Kirchliche Seelsorge ist soweit gefragt, als es ihr gelingt, diese Aufgabe zu erfüllen.
Die riesige Nachfrage nach der Esoterik und der Erfolg kleiner, ganz entschiedener religiöser Gruppen, ob wir sie charismatische Aufbrüche oder Sekten nennen, beweist, dass ein gewaltiges Bedürfnis nach religiöser

---

[11] Pastorale Konstitution, Gaudium et Spes, Über die Kirche in der Welt von heute, 1,1
[12] Eugen Biser, Glaubensverständnis, Augsburg 1976, S.132

Erfahrung und nach Nähe und Gemeinsamkeit die Menschen umtreibt. Versuchen wir nun die von Eugen Biser genannten Nöte eingehender zu betrachten. Je mehr wir sie als die eigenen erkennen, ihnen Aufmerksamkeit, Raum und Zeit widmen und uns auf die Trauer einlassen, umso mehr erwerben wir die Fähigkeit, sie auch bei andern zu überwinden und somit dem Auftrag der Kirche gerecht zu werden.

1
Überforderung und Entfremdung

Zum Stichwort *Überforderung* fallen uns als erstes die Menschen ein, die über Belastungen im Beruf klagen. Man braucht nicht viel zu sagen über die Situation in der modernen Arbeitswelt; der Konkurrenzdruck auf globaler Ebene, die Rationalisierung und die Einsparung von Arbeitsplätzen führen zu immer größerem Leistungsdruck der Arbeitenden. Dazu kommt die Angst vor Verlust des Arbeitsplatzes, eine Situation, die sich gut Abgesicherte gar nicht recht vorstellen können.
Auch Seelsorger, Priester, Diakone, Religionslehrer trifft Überforderung schwer. Sie stehen unter dem Druck, Menschen für Christus und die Kirche zu gewinnen, andererseits aber müssen sie mit ansehen, wie sich die allgemeine Stimmung und der allgemeine Trend gegen das Christentum kehren. Nehmen wir die Vorbereitung zur Firmung. Wenn von 40 Firmlingen drei weiter machen, ist das schon ein Erfolg, sagte eine Gemeindereferentin. Es scheint, dass im Religionsunterricht, bei Erstkommunion und Firmung den Religionspädagogen und Seelsorgern die Überwindung des Grabens zwischen Kirche und säkularisierter Gesellschaft zugemutet wird, eine Aufgabe, die selbst bei den führenden Theologen nicht bewältigt ist. Es müsste eine Wandlung des Denkens und Redens im Raum der Kirche auf allen Ebenen erfolgen. Warum zum

Beispiel sollte ein Hirtenbrief nicht auch so verfasst sein, dass er von kritischen Schülern einer Abiturklasse verstanden und als echt diskutabel angenommen werden kann?

Überforderungen ergeben sich für theologisch Ausgebildete immer dann, wenn sie dem ganz konkreten Leben begegnen. Als erstes wird einem viel Leid aus den Familien zugetragen. Es sind Schwierigkeiten in der Ehe und mit den Kindern. Oft fühlen sich alle unter Druck, die Eltern in der Arbeit und in der Verantwortung, die Kinder in der Schule. Vielfach fehlen Zeit und Energie, um sich in freier Atmosphäre einander zu widmen. Ähnlich geht es dem Seelsorger. Er hat auch nicht die nötige Ausbildung, um entscheidend weiterhelfen zu können. Am meisten leiden die Frauen an familiären Situationen; sie sind es auch, die am ehesten zum seelsorglichen Gespräch kommen. Menschen, die sich überfordern lassen, sind von eher depressiver Charakterstruktur, meist mit hohen Idealen. Das bedeutet sie haben Angst vor *Ablehnung und Trennung*; sie möchten es allen recht machen und können deshalb nicht *nein* sagen. Sie haben es nie gelernt, eigenes Empfinden, gerade das der Überforderung wahrzunehmen, es auszusprechen, dazu zustehen und klar zu unterscheiden, was sie können und nicht können.

Vielen, die vom kirchlichen Raum geprägt sind, scheint es so, dass auch Jesus sie überfordert, selbst wenn in der Predigt vom befreienden Gott die Rede ist. Es sind oft allzu viele Hindernisse, um Jesus in den Worten zu verstehen: *„Kommt zu mir alle, die ihr voll Mühsal und beladen seid: ich will euch ausruhen lassen. Nehmt mein Joch auf euch und lernt von mir; denn ich bin sanft und von Herzen demütig, und ihr werdet Ruhe finden für eure Seelen; denn mein Joch ist mild und meine Bürde ist leicht“* (Mt 11, 28-30).

Hier sagt Jesus eindeutig, dass seine Nähe Entlastung bedeutet und dass die Last, die er auflegt, eine leichte ist. Diese Worte wurden gesprochen, nachdem er wegen seiner Nähe zu Gott in Jubel ausgebrochen war und deswegen einen Lobpreis angestimmt hatte.

Allerdings gibt eine ganz andere Aussage, die der ersten zu widersprechen scheint: *„Wer mir nachfolgen will, verleugne sich selbst, er nehme sein Kreuz auf sich und folge mir nach. Denn wer sein Leben retten will, der wird es verlieren; wer aber sein Leben um meinetwillen verliert, wird es finden"* (Mt 16, 24,25). Diese Stelle wurde in der traditionellen Auslegung auf breiter Ebene in dem Sinn verstanden, dass eher das *Schwerere der Wille Gottes* sei, dass man eigene Impulse und eigene Wünsche erst gar nicht aufsteigen lassen dürfe, eigene Gedanken als unwichtig betrachten sollte. Damit verstärkte man aber eine depressive Charakterstruktur. Dies kann nicht die Absicht Jesu sein. Deshalb die Frage: Wie verhält sich das Kreuz, das die Schultern drückt, mit der leichten Last Jesu?

Tatsache ist, dass Jesus eine Atmosphäre um sich verbreitet, in der sich Menschen in einem alles umgreifenden Vertrauen geborgen und angenommen fühlen, gelöst vom Druck der Umgebung, des Gesetzes und eines falsch verstandenen Gottes. Jesus ist in Freude eingetaucht und jeder, der sich ihm anschließt, darf dieselbe Freude erfahren.

Nicht zu vergessen ist aber auch, dass von jedem, der zu ihm kommt und bei ihm sein will, eine *Entscheidung* verlangt wird. Die Aufforderung *„das Kreuz auf sich zu nehmen"* ist deshalb als Aufruf zur Entscheidung zu verstehen. Vom Bild des Kreuzes her gesprochen kann es bedeuten: Der Jünger muss in die *Mitte seiner Existenz* treten, wo sich die Linien der verschiedenen Ansprüche schneiden. Konkret heißt das für den Überforderten: Ich muss mich der Situation stellen! Ich muss mich fragen, am besten in einem beratenden Gespräch: *Welche Lasten kann ich abgeben und welche muss ich unbedingt annehmen*? Dann aber werde auch ich voll und ganz dahinter stehen mit allen Emotionen und aller Energie; denn Überforderung stellt sich meist dann ein, wenn keine bewusste Entscheidung getroffen wurde; wenn ich mich in etwas hineinziehen habe lassen, von dem ich nicht überzeugt war; wenn ich von äußeren Mächten bestimmt werde, ganz gleich ob es die Umgebung, die Zeitströmung, der Staat oder die Kirche ist - und nicht vom Kern meines Wesens. Eine echte durchgearbeitete Entscheidung löst die Spannung, weil emotionale Widerstände sich lösen und die Energie auf ein Ziel ausgerichtet wird, das ganz und gar mein eigenes ist. Ich muss nicht von vorneherein das Schwerere wählen, sondern das, was mich *authentisch* macht. Das kann schwer sein, aber es lässt mich froh und zufrieden sein.

2
Alleinsein und Vereinsamung

Nach einer Statistik wird in einer Großstadt die Hälfte der Wohnungen von Singles eingenommen. Das bedeutet, dass das Alleinleben mit all seiner Problematik eine zentrale Stellung im Lebensgefühl des modernen Menschen einnimmt. Die Zeiten, wo Menschen in größeren Einheiten lebten, sind vorbei. Auf einem Bauernhof teilten bis zu 30 Personen - die Großfamilie mit den Dienstboten - das gemeinsame Dach, die gemeinsame Arbeit und das gemeinsame Essen. Dazu war man in den Verband des Dorfes eingebunden. Die Verstädterung und die Kleinfamilie haben eine andere Form des Zusammenlebens geschaffen.

Nun ist *Alleinsein, Einsamkeit und Vereinsamung* nicht dasselbe. Ein seelisch gesunder Mensch, vor allem starke Persönlichkeiten brauchen das Alleinsein, um sich zu konzentrieren und neue Kräfte zu schöpfen. Deshalb müssen Singles noch lange nicht unglücklich sein. Das Unglück der Einsamkeit beginnt dann, wenn das Bedürfnis nach Nähe und

Geborgenheit einen wie eine Welle überschwemmt und nicht erfüllt werden kann.
Auch in einer Ehe können die Partner furchtbar einsam sein, wenn sie einander fremd geworden sind. Meist ist es sogar so, dass der eine gar nicht merkt, wie sehr der andere leidet. Das Zerbrechen einer Ehe beginnt einerseits mit der nicht erfüllten Sehnsucht nach Nähe, andererseits mit dem Drang nach Freiheit und Unabhängigkeit, nach Individualisierung und Emanzipation. Es bräuchte tiefere Gefühle, zu denen immer weniger fähig sind; denn in der Tiefe ist die Liebe verborgen, welche zwei Menschen anzieht, auf die Dauer zusammenhält und Nähe und Freiheit zugleich ermöglicht.
Die Voraussetzung dazu ist die Atmosphäre einer wohltuenden Stille, die bei so vielen nie erfahren wurde. Vielmehr verlief alles hektisch und oberflächlich in der Familie, in der sie aufwuchsen.
Gefühle, die auch über Krisen hinweg tragen, brauchen hingegen Zeit und Aufmerksamkeit. Dazu kommt der Druck der Schule und der Arbeitswelt, welcher die freie Entfaltung der Gefühle verhindert.
Wenn eine Beziehung misslingt, muss dies noch lange keine Vereinsamung bedeuten. Es gibt viele Möglichkeiten, Kontakte zu schließen und Wurzeln zu schlagen. Die Vereinsamung im eigentlichen Sinn beginnt dann, wenn kein Kontakt mehr existiert, weder zu Angehörigen noch zu Freunden und Bekannten, wenn der Rest der Familie sich schon längst aufgelöst hat, wenn es auch keine Institution gibt, wo man gerne hingeht und dazu gehört. *„Mit Kirche hatte ich nie etwas am Hut"*, sagen viele. Im Alter kann sie ihnen auch keine Heimat sein. Menschen, die allein leben und allein, unbetrauert und unbeweint sterben, werden immer mehr.
Es gibt inzwischen die anonyme Bestattung. Man darf fragen: Was unterscheidet sie noch von einer bloßen Entsorgung?
Man könnte hämisch bemerken: Die Vereinsamung ist die andere Seite

des Drangs nach Freiheit und Individualisierung, eine Folge, die sich Menschen selbst zuzuschreiben haben. In Wirklichkeit sind es aber Ergebnisse von Entwicklungen, welche die Betroffenen nicht unmittelbar verursacht haben und auch nicht kontrollieren konnten.

Im Innersten sehnen sich die Menschen nach Einheit und Nähe, selbst wenn sie verbissen und abweisend sind. Nach der Pastoralkonstitution *„Gaudium et Spes - Über die Kirche in der Welt von heute"* versteht sich die Kirche als die Stifterin der Einheit der Menschen; sie sieht es als ihre Aufgabe, Menschen zusammen zu führen.[13]

Die Heilungen, die Jesus an Menschen vollbrachte, haben nicht nur den Leib wieder hergestellt, sondern haben Menschen zugleich aus der Vereinsamung heraus geführt. Für Jesus ist es wichtig, Kranke zu berühren und so die Isolierung zu durchbrechen. Einmal brachte man einen Taubstummen zu Jesus und bat ihn gerade um diese Berührung (Mk 7,32-34). Indem Jesus seine Finger in dessen Ohren und seinen Speichel in dessen Mund legt, geschieht eine Nähe, die nur zwischen Mutter und Kind oder zwischen innig Liebenden möglich ist. Es öffnen sich dem Behinderten nicht nur Mund und Ohren, sondern die bisher verschlossene Welt.

Jesus nimmt es auch an, selbst berührt zu werden. Es ist die blutflüssige Frau, die ja wegen der gesetzlichen Unreinheit auch eine Ausgestoßene war (Vgl. Lk 8, 43-48). Sie kommt mit Jesus in einen so engen Kontakt, dass sogar die heilende Kraft überfließen kann.

Berühren und Berührt werden überwindet Einsamkeit. Körperkontakt ist für Kinder das allerwichtigste und kann Kranken sehr viel Trost vermitteln. Noch wichtiger ist aber, dass wir dieses Berührt werden in einem

---

[13] Vgl. Pastorale Konstitution Gaudium et Spes- Über die Kirche in der Welt von heute: „Die Kirche ist ja in Christus gleichsam das Sakrament, das heißt Zeichen und Werkzeug für die innigste Vereinigung mit Gott wie für die Einheit der ganzen Menschheit...." GS 42, S.12

tieferen, übertragenen Sinn zulassen. Wenn uns die Geschichte eines Menschen zuinnerst *berührt*, dann ist eine Nähe und Einheit entstanden und es wurde durch unser bloßes Zuhören und Dasein ein Mensch aus seiner Einsamkeit befreit.

3
Lebensangst - Der durchgebrochene Boden

Als Eugen Drewermann die Angst als die Ursache allen Übels bezeichnete, wurde er nicht verstanden. Und doch sollten wir genauer hinschauen, wie sehr die Angst das Leben deformiert. Es ist die Angst, wenn Eheleute nicht offen und ehrlich miteinander reden, die Angst, den anderen zu verletzen oder den Kürzeren zu ziehen. Ebenso ist es im Raum der Kirche die Angst, wenn man einander nicht mehr versteht und gegenseitig verurteilt.
In der Psychotherapie Freuds wird die Angst als Triebangst bezeichnet, d.h. die verdrängten Triebe machen Druck, was als Angst erlebt wird. Man kann es auch so sehen, dass uns durch die Verdrängung die nötige Energie fehlt, um eine Situation zu bewältigen. Diese wird bedrohlich, wenn Kräfte und Fähigkeiten zur Lösung, zu Überblick und Orientierung nicht mehr zur Verfügung stehen.
Die Umwälzungen und Veränderungen der letzten Jahrzehnte sowohl in der Arbeitswelt, im gesellschaftlichen Zusammenleben wie in der Kirche haben deshalb so viel Angst erzeugt, weil die alten bewährten Lösungsmuster nicht mehr greifen. Es genügt nicht mehr, wenn man pflichtgemäß seine Arbeit tut, um einen gesicherten Lebensabend zu haben. Man fürchtet, dass die Renten nicht mehr sicher sind. Es ist auch nicht mehr möglich, in Fragen des Glaubens und der Lebensführung zur Kirche Zuflucht zu nehmen, dafür gibt es zu viele Meinungen.

Viele empfinden es, als würde ihnen der Boden unter den Füßen weggezogen.

C. G. Jung hat schon vor 80 Jahren in seinem Vortrag vor den evangelischen Pfarrern in Straßburg hervorgehoben, dass zu ihm Patienten kämen, die eigentlich zum Seelsorger gehörten; denn ihr Leiden rührt aus einem Bereich, der über den Beruf des Arztes und Psychotherapeuten hinaus gehe; es kämen viele zu ihm, die gar nicht im herkömmlichen Sinn neurotisch seien, indem sie an einer miserablen Kindheit litten, sondern einfach deshalb, weil sie keinen Sinn mehr in ihrem Leben finden.

Der Psychiater aus Zürich sieht die seelischen Zusammenbrüche und die Bereitschaft für extreme Lösungen in der allgemeinen *geistigen Desorientiertheit*, im Schwinden der religiösen Substanz und im gewaltigen Einbruch in den bisher festen Grundüberzeugungen, sprich den christlichen Wahrheiten. Was damals fast nur für die protestantische Kirche gegolten hat, trifft heute auch auf die katholische zu. In dieser Hinsicht wird bei uns etwas nachgeholt.

Jung beschreibt das Lebensgefühl des modernen Menschen als von Hoffnungslosigkeit bestimmt, indem er aus dem Korintherbrief zitiert: *„Lasst uns essen und trinken, denn morgen müssen wir sterben"*.[14]

Wenn Menschen keine Ziele mehr vor Augen haben, dann ist nur mehr der Augenblick wichtig, eine Zukunft ist überflüssig. In einem Krimi sagte eine Frau: *„Am liebsten würde ich mich in die Arme eines Mannes werfen und am nächsten Tag alles wieder vergessen."*

Nach Jung verursacht die aus der Sinnlosigkeit geborene Stimmung die Störung der unbewussten Seele und löst die mühsam gebändigten Triebe wieder aus. Es ist hier an die Stelle aus der *Geheimen Offenbarung* zu denken, in der es heißt, dass ein *Stern vom Himmel fiel,*

---

[14] Vgl. 1 Kor 15, 33

daraufhin der Abgrund geöffnet wurde und Rauch aus dem Schacht emporstieg (Vgl. Offb 9, 1-2).

Was Menschen zu ihrer seelischen Gesundheit bräuchten, ist Glaube, Hoffnung und Liebe, so Jung. *„Was aber wird, wenn er nur allzu deutlich sieht, woran sein Patient krankt, dass er nämlich keine Liebe hat, sondern bloß Sexualität, keinen Glauben, weil ihn die Blindheit schreckt, keine Hoffnung, weil ihn Welt und Leben desillusioniert haben, und keine Erkenntnis, weil er seinen eigenen Sinn nicht erkannt hat?"*[15]

Eugen Biser fordert dazu auf, Räume des Aufatmens, der Geborgenheit und Solidarität gegen Druck und Überforderung, Lebensangst und Vereinsamung zu schaffen.

Besser hätte er das Wirken Jesu und die Sendung der Kirche nicht beschreiben können. Eine Atmosphäre des gegenseitigen Bejahens lässt Glaube, Hoffnung und Liebe neu entstehen. Dies hat nichts mit Erlebnishunger, mit Event und Sensationslüsternheit zu tun. Es geht vielmehr um Begegnung in Stille und gegenseitiger Zuwendung. Das ernsthafte Zuhören schafft Vertrauen. Es ist im Grunde der Glaube an den Menschen. Damit beginnt auch der Glauben an Gott. Die Nähe, die entsteht, öffnet den Raum der Liebe. Die Werte, die verloren gingen, bilden sich durch Wertschätzung neu.

Wenn der Seelsorger das Gesagte leisten soll, dann darf er unter keinen Umständen dem Missverständnis verfallen, dass hier eine neue, zu hohe Aufgabe von ihm verlangt wird. Um die von Eugen Biser vermisste Fähigkeit zu erwerben, darf er sich erlauben, selbst Räume der Entlastung, der Solidarität und der Geborgenheit zu suchen. Die Sorge um sich selbst, konkret um den eigenen Glauben, d.h. um Freude und Zuversicht darf sogar Vorrang haben vor der Sorge um andere, einfach deshalb, weil ihm sonst seine Arbeit nicht gelingt. Ein gehetzter, abgearbeiteter,

---

[15] C.G. Jung, GW 11, S.359

verzagter und mutlos gewordener Verkündiger kann die Botschaft von Jesus nicht als eine frohe vermitteln. Dessen Wort vom *milden Joch* und von der *leichten Last* (Mt 11,30), gibt uns die Berechtigung, unser Leben so einzurichten, dass wir nicht dem Druck äußerer Aufgaben, noch dem der inneren Befindlichkeit erliegen; denn ohne es zu wollen und ohne es zu wissen geben wir die auferlegte Last an unsere Umgebung weiter. Damit ist keine leichtfertige Bequemlichkeit oder resignierter Rückzug gemeint, sondern das engagierte Streben, uns selbst ernst zu nehmen und zwar ganz im Sinne des Auftrags Jesu. Dies erfordert Freiräume, die sich von außen betrachtet nicht rechnen, aber zum menschlichen und spirituellen Überleben notwendig sind.

Seelsorger können gewiss nicht wie Jesus Heilungswunder wirken. Aber sie können sich auf authentische Begegnungen einlassen, die für Suchende und Leidende wie für sie selbst beglückend sind. So kann der Beruf des Seelsorgers zu einer ständigen herausfordernden Begegnung werden.

Ehekrise - Lebenskrise

1
Die unlösbare Aufgabe

Eheliche Partnerschaft gehört zu den abgründigsten und tiefsten menschlichen Lebensvollzügen. Ihr Gelingen oder Misslingen entscheidet nicht nur über Glück und Unglück der Partner, sondern auch über die Lebensbedingungen der nächsten Generation. Obwohl die Bedeutung von Ehe und Familie fast allgemeine Zustimmung findet, ist man von einer Bewältigung des Problems der sprunghaft angestiegenen Scheidungsziffer weit entfernt. Erziehung und schulische Bildung erschöpfen sich in der Vermittlung von äußeren Verhaltensregeln und auf Leistung abgestimmten Wissens, aber die Kultivierung von menschlichen Beziehungen wird ausgeklammert. Diese Überlegungen möchten zunächst in die Hintergründe von Lebenskrisen Einblick geben. Es geht dabei nicht nur um ein anzueignendes Wissen, sondern es soll ein Verstehen der eigenen und gemeinsamen Lebensgeschichte möglich werden. Wer etwas hinter die Kulissen seiner eigenen Seele und der seines Partners geschaut hat, wird auch seine Einstellung zu manchen bedrängenden Problemen ändern. Sein Urteil wird ausgeglichener, sachlicher und gerechter.

Es gilt von jenen naiven, unreflektierten Vorstellungen wegzukommen, die Ehekrise oder jede Lebenskrise grundsätzlich als Schuld oder Schicksal sahen.

Das Denken in Schuldkategorien äußert sich in gegenseitigen Vorwürfen über das misslungene Glück. Sätze wie *„Du hast mich nicht glücklich gemacht!", „Du bist an allem schuld!"* sind beispielhafte Ausdrücke für jenes Niveau; es wird nicht gesehen, dass in einer so engen Beziehung

wie der ehelichen Partnerschaft Gefühl und Verhalten der beiden Partner zu einem großen Teil sich gegenseitig bedingen; die Untreue des einen darf nicht gesehen werden ohne die mangelnde Fähigkeit des andern, Gefühle zu zeigen oder spontan zu reagieren.
Was Ursache und Wirkung ist, lässt sich in einem solchen Fall nie feststellen und ist auch gar nicht notwendig. Es kommt darauf an, in Zusammenhängen zu denken und nicht in Kategorien von Schuld und gutem oder bösem Willen; selbst wenn auf beiden Seiten guter Wille vorhanden ist, bedeutet das noch nicht eine geglückte Beziehung.
Die psychologische Betrachtungsweise möchte auch noch die anderen wichtigen Faktoren ins Blickfeld rücken, die, wenn sie nicht beachtet werden, eigenmächtig über Glück oder Unglück des Menschen entscheiden.
Andererseits ist der *„gute Wille"*, etwas einzusehen, gemeinsam nach Lösungen zu suchen und etwas zu verändern, unabdingbare Voraussetzung, um eine Krise zu meistern. Die Meinung, Gefühle seien Schicksal, man könne in Sachen Sympathie oder Antipathie nichts dafür oder dagegen tun, ist zwar weit verbreitet, aber deswegen noch nicht richtig. Zumindest hat die Entdeckung der Psychologie der letzten Jahrzehnte Möglichkeiten aufgezeigt, wie man auch Gefühle ordnen und kultivieren kann. Nebenbei bemerkt: Die moderne Tiefenpsychologie greift im Grunde nur uralte Erfahrungen der Menschheit auf und lässt sie wieder lebendig werden.

Erich Fromm, ein führender Vertreter der Psychoanalyse, hat in seinem Büchlein *„Die Kunst des Liebens"* [16] das Problem von sich ereignendem Gefühl und menschlichem Bemühen dargestellt. Er sieht einen wesentlichen Grund für das Misslingen von Liebe darin, dass die Menschen meinen, *„Lieben sei nur ein angenehmes Gefühl, das zu verspüren nur eine*

---

[16] Fromm Erich: Die Kunst des Liebens, Frankfurt 1976

Sache des Zufalls ist, etwas, dem man verfällt, wenn man Glück hat“.[17] Das einzige, was die Menschen tun, sei, sich einzustellen und darauf vorzubereiten, dass sie geliebt werden. Vielmehr komme es darauf an, selbst lieben zu lernen, seine eigene Liebesfähigkeit zu entwickeln. Nach Fromm ist deshalb Lieben eine Kunst und erfordert Wissen und Bemühen.

Diese Einstellung führt dann auch zu einem umfassenderen Verständnis des eigenen Lebenssinnes.

Es wird dann deutlich, dass das eigene Lebensglück nicht bedingungslos vom Verhalten und der Qualität des Objekts der Liebe, nämlich des Partners abhängt, sondern von der Entwicklung der eigenen Persönlichkeit. Der Tiefenpsychologe C. G. Jung betont, dass gerade die Not die Selbstwerdung, das heißt den größeren Umfang, das Wachstum und die Reifung der Persönlichkeit erzwingt.

Damit entstehen neue Lebensmöglichkeiten. Darunter sind höhere Bewusstheit über sich selbst und seine Lebenssituation, innere Freiheit, größere Kontaktfähigkeit und Lebenserfüllung zu verstehen.

So gesehen, muss eine Lebens- oder Ehekrise nicht ein Unglück sein, sondern kann zur Chance werden. Misslungene Partnerschaft heißt in dieser Sicht noch lange nicht misslungenes Leben.

2
Die große Enttäuschung

Von einer Ehe- oder Partnerschaftskrise kann man dann sprechen, wenn die elementaren Erwartungen an den Partner nicht mehr erfüllt werden und dadurch das Zusammenleben aufs Schwerste beeinträchtigt wird. Ein Partner ist vom andern oder vielmehr beide sind voneinander ent-

---

[17] ebenda

täuscht. Man spürt erst jetzt, dass die erhoffte Erfüllung von Anfang an nie zustande kam. In den ersten Ehejahren wurde es zumindest von einem Partner noch hingenommen, dass die sexuelle Begegnung nicht gelang. Dann aber machten sich immer mehr Abwehr, Widerwille bis zur Gefühlskälte bemerkbar und es kam zur offenen Krise. Die Erwartung wurde nie recht erfüllt, jetzt wird es erst den Partnern bewusst.
Die Krise kann auch dadurch ausgelöst werden, dass die Erwartung sich ändert, wenn ein Partner sich weiterentwickelt. Der Fall ist dann gegeben, wenn der bisher abhängige Partner, ob Frau oder Mann, seine Abhängigkeit zu durchbrechen versucht und eine gleichberechtigte Partnerschaft anstrebt. Der Grund für die Veränderung des bisher funktionierenden Systems liegt im Erwachen des einen Partners zu mehr Selbständigkeit.
Der äußere Anlass für den Ausbruch von latenten Ehekrisen ist meist dann gegeben, wenn sich Aufmerksamkeit und Energie der Partner statt auf die äußeren Gegebenheiten unmittelbar auf die gegenseitige Beziehung wenden. So können wirtschaftliche Sorgen oder die gemeinsamen Anstrengungen um das Eigenheim Spannungen verdecken. Dazu Jung: *„Wo viel äußere Not ist, kann der Konflikt aus Energiemangel keine dramatische Spannung erreichen. Aber proportional der Sicherheit steigt die psychologische Unsicherheit, zunächst unbewusst, und verursacht dann Neurosen; sodann bewusst und veranlasst dann Trennungen, Streit, Scheidungen und sonstige "Eheirrungen".*[18]
In diesem Zusammenhang ist auch jene Ehekrise zu sehen, die dann eintritt, wenn die Kinder erwachsen sind und aus dem Haus gehen. Sehr häufig stellt sich heraus, dass die geschlossene Familie, das Engagiertsein für die Kinder und das Leben mit ihnen die Probleme der Partnerschaft verdeckt haben, dass die Beziehung verödet ist und

[18] Jung C.G.: Über die Entwicklung der Persönlichkeit, GW Band 17, Olten 1977, S.227

eigentlich jetzt neu gestaltet werden müsste.
Auch die Pensionierung eines Partners kann zum Prüfstand für eine Ehe werden. Es ist besonders tragisch, wenn der Lebensabend anstatt mit Reife, Abgeklärtheit und Erfüllung mit Unfrieden belastet ist. Im Grunde wird aber nur ein durch Konvention, Gewohnheit, äußere Sorgen und Geschäftigkeit verdeckter Zustand offenbar. Da heute die Zwänge durch Konvention und soziale Umgebung im Schwinden sind, die Ansprüche an das eigene Lebensglück steigen, braucht es in den meisten Fällen zur Trennung nicht mehr die Pensionierung.

3
Die nicht gelungene Liebe

Nichtgelungene Liebe ist engstens mit nicht gelungener sexueller Erfüllung verbunden. Hier tauchen viele Vorwürfe gegen die kirchliche Sexualmoral auf. Sie wird schon längst nicht mehr unkritisch hingenommen. Der Inhalt der Beichtgespräche und der Standeslehren bestand eigentlich darin, wie man die Sexualität in Grenzen halten sollte, fast gar nicht wurde davon gesprochen, dass man in der Beherrschung des Sexuellen auch zu viel des Guten tun könne: dass Gefühle abgeschnürt, abgewürgt und abgeschnitten werden. Es wurde übersehen, welchen Wert und unabdingbare Voraussetzung die erotische Anziehung und Begegnung der Partner für das Gelingen der ehelichen Beziehung hat. Es wurde nicht erkannt, dass hier der Schöpfer mit der Sexualität auch einen wichtigen Mechanismus des Gefühlsausgleichs geschaffen hat. Im Grunde hatte man Angst vor der Sexualität. Ohne Zweifel haben sich viele Ängste der Beichtväter und Prediger auf die Zuhörer übertragen. Obwohl in moraltheologischen Abhandlungen die Abwertung der Sexualität überwunden zu sein scheint, gelten kirchliche Stellungnahmen zu diesem Thema als nicht hilfreich und nicht richtungsweisend, als lebensfremd und inkompetent.

Es ist nicht damit getan, dass in Hirtenbriefen und Hochzeitspredigten der Wert der Sexualität hervorgehoben wird, entscheidend ist, welches Klima ein Verkündiger aufbaut, ob darin die volle Bejahung der Erotik spürbar wird oder ob diese ausgeklammert wird.

Jedoch darf nichtgelungene Sexualität nicht isoliert gesehen werden. Die Enttäuschung liegt meist mehr im allgemein Emotionalen und im ganz Persönlichen. Eheleute klagen: *„Der andere hat kein Verständnis; er kann nicht über sich reden; er kann mir nicht zuhören. Es ist, als ob eine Mauer zwischen uns sei und keiner die Mauer übersteigen kann. Es ist alles wie tot. Wir öden uns an.“ „Ich habe Angst, das zu sagen, was ich mir denke, weil ich ihn nicht verletzen möchte. Man lebt wie unter einer Glasglocke*". Es ist nicht mehr der emotionale Grundkonsens vorhanden, der einmal da war oder, was noch schmerzlicher ist, immer gesucht wurde, aber noch nie in seiner Tiefe beim andern erfahren wurde.

Der eigentliche Grund für das Ausbrechen aus der Ehe dürfte in der Unzufriedenheit darüber liegen, dass man sich beim Partner nicht so angenommen, aufgehoben, geborgen erlebt, wie man es erwartet hatte. Der Partner fasziniert nicht mehr, ist nicht mehr anziehend oder war es eigentlich noch nie so recht. Man war sich nur über die eigenen Erwartungen nicht ganz im Klaren. *„Ich hatte lediglich oft ein ungutes Gefühl, jetzt weiß ich eigentlich,* was *mir fehlt",* lautet oft eine späte Einsicht.

In den meisten Fällen wird aber vergessen, dass man für seine Gefühle zunächst selbst verantwortlich ist. Das heißt ganz konkret: Wenn ich möchte, dass ich einen emotionalen Grundkonsens in seiner ganzen Tiefe mit dem Partner zusammen erfahre, muss ich zuerst meine eigene Tiefe erschließen.

Dies beginnt damit, dass ich bereit bin, meine eigenen Gefühle wahrzunehmen, über mich selbst zu reden, mich zu entlasten von dem, was mich bedrückt. Der lange und mühevolle Weg in die Tiefe, in den Bereich meiner Seele, wo ich ganz ich selbst bin, ist auch der Weg zum anderen, vorausgesetzt, dass dieser auch seinen Weg in die Tiefe gehen will. Hier ist der Ort des ehelichen Sakramentes; es will ja nicht anderes aussagen, als dass Gott zwei Menschen verbindet. Er tut aber das nicht mit äußeren Normen und Vorschriften, sondern in der Tiefe der Gefühle. Denn Gott ist in der Tiefe des Seins[19] oder nach Paul Tillich *„das Symbol für das, was mich unbedingt angeht“*.[20]

Aus der Nähe betrachtet, ist jedes Suchen nach dem Partner ein Suchen nach einem Erleben, das die ersehnte Einheit schafft, das ganz und heil macht, und deshalb faszinierend schön ist.

Martin Buber spricht vom Wunsch jedes Menschen, von den anderen als der bestätigt zu werden, der er ist, oder sogar als der, der er werden kann. Das ist die Grundlage menschlichen Zusammenlebens.[21]Die höchste Bestätigung kann aber nur der liefern, der einem selbst der Wichtigste ist. Der Wunsch nach Bestätigung lässt sich etwa so formulieren: *„Du bist für mich der wichtigste Mensch und ich glaube, dass ich auch dir der wichtigste Mensch bin. Ich möchte, dass du mir das von Zeit zu Zeit bestätigst, vor allem möchte ich nicht, dass jemals ein anderer Mensch für dich der wichtigste ist."* Die Enttäuschung in der ehelichen Partnerschaft liegt weitaus mehr in der ausgebliebenen Bestätigung des Alltags, auch wenn es nicht so deutlich gesehen wird.

---

[19]Légaut Marcel: Christ aus Christ aus Leidenschaft, Freiburg 1978, S.122
[20]Watzlawick Paul: Menschliche Kommunikation, Bern 1969, S.85
[21]Paul Tillich, Ges. Werke, B d.VIII, S.66

4
Entwicklung und Veränderungen

Es ist wichtig für beide Partner, sich bewusst zu machen, dass mit der Entwicklung der eigenen Persönlichkeit sich auch die gegenseitige Beziehung verändert. Nach Carl Rogers ist dies sogar ein wesentliches Kennzeichen einer lebendigen und guten Beziehung. Die Wandlung der Persönlichkeit bringt es mit sich, dass die eigenen Bedürfnisse, die Erwartungen an den Partner und die Fähigkeit, auf die Bedürfnisse des anderen einzugehen, nicht mehr dieselben sind, und sich nicht mehr mit der anderen Seite decken.

Wenn Veränderungen bei den Partnern nicht gleichzeitig stattfinden, erschwert dies das Zusammenleben erheblich. Der eine Partner, der in seiner Entwicklung stehen bleibt, möchte auch den andern so haben wie bisher. Er kann sich eine Entwicklung nicht vorstellen und deshalb seinem Lebenspartner nicht mehr folgen und ihn verstehen. Umso wichtiger und hilfreicher ist es, eine Entwicklung genauer zu betrachten. Man kann drei Phasen feststellen. Sie verläuft im Idealfall von einer zumindest gefühlten seelischen Einheit über eine sehr schmerzliche Loslösung zu selbständigen Persönlichkeiten, die sich in erneuten tiefen Begegnungen wiederfinden.

Die erste Phase kann bezeichnet werden als die Phase der Symbiose und gegenseitigen Abhängigkeit. Symbiose heißt Zusammenleben. Der Ausdruck wird in der Zoologie für das Zusammenleben zweier artfremder Tiere in totaler gegenseitiger Abhängigkeit genommen. Man spricht auch von Symbiose zwischen Mutter und Kind. Symbiose will ganz allgemein sagen, dass zwei Lebewesen so eng miteinander verbunden sind, dass der eine nicht mehr ohne den anderen leben kann.

Das Verliebt sein ist neben der Mutter-Kind-Beziehung die intensivste

Form seelischer Symbiose. Man kann auch von einer Wiederholung der Mutter-Kind bzw. Vater-Kind-Beziehung sprechen. Kennzeichen ist, dass fast die ganze seelische Energie auf den anderen bezogen ist. In der alten, bürgerlichen Form der Ehe wurde aus dem Verliebt sein eine Partnerschaft mit verteilten Rollen. Die Fixierung der Partner aufeinander lockerte sich langsam, als die Kinder kamen, aber es blieb doch ein Zusammensein auf der Basis gegenseitiger Abhängigkeit. Der Mann lebte ganz seine männliche, die Frau ganz ihre weibliche Seite. Der Mann vertrat die Familie nach außen; er war verantwortlich für den Status der Familie in der Gesellschaft. Der Name des Mannes wurde bei der Heirat beibehalten und bestimmte den der Familie. Beruf, Geschäft oder akademischer Grad des Mannes, vor allem die Leistung und die Tüchtigkeit, die er darin bewies, bezeichneten ihre gesellschaftliche Stellung. Die Frau, die ganz in ihrer weiblichen Rolle aufging, sah den Haushalt und die Erziehung der Kinder als ihren Lebensbereich. Sie war ganz und gar für das Gefühlsleben der Familie zuständig, ganz besonders für das Religiöse.

Der eine Partner delegierte jeweils seinen gegengeschlechtlichen Anteil an den anderen. Im Extremfall war es so, dass der Mann im Haushalt völlig hilflos war, keine Gefühle zeigen, nicht zuhören oder auf andere eingehen konnte, sondern nur autoritär das Geschehen in der Familie bestimmte. Es hatte meist ungute Folgen, wenn er nur seine Arbeit und seine Geschäfte kannte, die Erziehung ganz der Frau überließ und die Beziehung zu den Kindern nicht gelang. Andererseits hing in einer solchen Art von Beziehung das Selbstbewusstsein der Frau vom Erfolg des Mannes ab. Sie war an seinem Aufstieg interessiert, stand aber in seinem Schatten.

Die meisten bürgerlichen Ehen wurden nach diesem Muster gelebt. Die Krise ist in dann ausgebrochen, wenn ein Partner die andere, gegengeschlechtliche Seite bei sich entdeckte.

Die Frau wollte nicht mehr in der Abhängigkeit vom Mann leben, weder finanziell noch in ihrem Selbstwertgefühl. Der Mann, der sein Geschäft aufgebaut hat, wird sich seines Mangels an gelebten Gefühlen bewusst und sucht anderswo als bei seiner meist überlasteten Ehefrau Erfüllung. Wohlwollend betrachtet ist es die Suche nach Ganzheit, Erfüllung, nach Begegnung und Austausch in Gleichheit und Ebenbürtigkeit.

Was sich vor einer Generation erst im Verlauf einer Ehe ereignete, steht heute bereits am Anfang einer Lebensgeschichte.

Dies bringt nicht in jedem Fall die große Freiheit mit sich, sondern ebenso viel Verunsicherung über die Rolle des einzelnen, was jeder zu tun und zu lassen hat. Es ist gewiss einer der Gründe, warum viele Paare den Schritt zur endgültigen Bindung scheuen.

Zum Verständnis der Krise ist es nützlich zu wissen, dass für das Zustandekommen und für die Aufrechterhaltung der Verbindung zweier Menschen wichtige psychische Mechanismen maßgebend sind. Darunter versteht man selbsttätige, dem Willen des Menschen nicht unterworfene Verhaltensmuster des seelischen Organismus. Wer sich verliebt, tut dies nicht aus freiem Entschluss. Es ist vielmehr etwas, was mit einem geschieht. Es ist hier der Mechanismus der Identifikation, d.h. der Gleichsetzung mit dem andern in der Form der *Introjektion* und *Projektion* am Werk.

Introjektion (lat. introjicere= hereinwerfen) bedeutet die Hereinnahme des andern. Einer, der *introjiziert*, könnte sagen: *„Ich bin ganz vom Partner „besessen", er hat Besitz von mir ergriffen. Er ist so stark in mir, dass ich nicht ganz ich selbst bin“*. Das kann so weit gehen, dass jeweils ein Partner keinen eigenen Willen, keine eigene Meinung sich zu haben getraut aus Angst, den anderen zu verletzen und damit zu verlieren.

Andererseits wird das eigene Bild von der Frau (*Anima)* oder vom Mann

(Animus) in den anderen hinein verlegt. Man spricht von einer *Projektion* (projicere= hineinwerfen). *Anima- und Animusfiguren* beinhalten die Erfahrung des Mannes mit der Mutter oder der Frau mit dem Vater und mit allen gegengeschlechtlichen Figuren der eigenen Lebensgeschichte und der Geschichte der Menschheit.

Introjektion und *Projektion* verursachen zunächst eine starke Nähe und geben das Gefühl des Eins - seins, aber sie engen auch sehr stark ein. Ein Partner wird vom anderen in einen bestimmten Rahmen gestellt und damit wird ihm verwehrt, seine Individualität zu entfalten. Das Ausmaß des Konflikts dürfte der Weite des Rahmens entsprechen, der jeweils vom anderen durch die Projektion gezogen wurde. Der Vorgang, dass einer sich beim anderen nicht mehr wohlfühlt und gereizt und aggressiv reagiert, ist dadurch bedingt, dass er die Projektion des anderen nicht mehr erträgt. *„So wie du mich siehst, bin ich gar nicht.“*

In vielen Fällen reagiert der psychische Organismus des einen Partners auf die allzu einengende Übertragung mit einem nicht mehr zu kontrollierenden Impuls zum Ausbruch aus der Ehe. Durch den *„Ehebruch“* ist für den anderen tatsächlich etwas *„zerbrochen“*. Er empfindet eine schreckliche innere Leere; für ihn sieht es aus, als ob die Werte, von denen er bisher gelebt hat, wie Treue, Vertrauen und Achtung voreinander, nicht mehr existierten. Er glaubt, dass es nie wieder gut wird. In Wirklichkeit aber ist nur ein Idealbild vom anderen zerbrochen. Das besagt noch lange nicht, dass die Beziehung irreparabel gestört ist. Es besteht durchaus die Chance einer tieferen und reiferen Gemeinschaft, in der jeder in seinem Anderssein voll und ganz anerkannt und wo der Bewegungsrahmen für jeden weiter gesteckt ist.

Psychologisch besteht jetzt die Chance, dass der nach außen projizierte Archetyp (Anima / Animus) samt der damit verbundenen Energie in einem selbst lebendig wird. Der gegengeschlechtliche Persönlichkeitsanteil kann voll integriert werden. Dies ist die Voraussetzung für die Ganzheit und Reife der Persönlichkeit, aber auch für die Echtheit und Tiefe der Beziehung. Die Integration des gegengeschlechtlichen Seelenanteils bedarf aber nicht unbedingt der ehelichen Untreue. Besser ist es, eine hohe Sensibilität für Gefühle und deren Echtheit zu entwickeln. Dabei werden Projektionen wie von selbst aufgelöst.

Partner, die ihre gegengeschlechtlichen Anteile leben, sind freier im Umgang miteinander; sie sind nicht auf Bestätigung durch den andern auf Gedeih und Verderb angewiesen. Sie können einander die nötige Freiheit geben ohne Angst, verlassen zu werden. Dies geschieht aus einem Vertrauen und Wissen, dass man dem andern in der Tiefe seines Wesens nahe ist.

Perspektiven der Heilung

1
Der unerlöste Christ

Der Ausdruck *„unerlöster Christ"* ist für Glaubende eine eindeutige Provokation. Ist doch Erlösung, Erlöst sein Inhalt der Verkündigung, aller liturgischen Handlungen, ungezählter Kirchenlieder und theologischer Abhandlungen. Trotzdem muss erlaubt sein, die *„erlösten Christen"* etwas näher anzuschauen, nicht um daraus Kapital zu schlagen, sondern weil die Krise des Glaubens und die seelische Not der Menschen, auch der Getauften, einfach nicht geleugnet werden kann. Die christliche Tradition ist in sehr vielen Familien abgerissen. Dabei ist im außerkirchlichen Bereich Religiosität im Wachsen, und es besteht eine drängende Suche nach Sinn.
Die Anfrage will nicht Grundwahrheiten in Frage stellen, sondern die gelebte, selbstverständliche Praxis durchleuchten. Die Psychologie ist dabei hilfreich, insbesondere die von C. G. Jung, dem das Religiöse und die Achtung vor den Riten der Kirche ein zentrales Anliegen waren.

Außenstehende beklagen die Verfestigung, Verhärtung und Erstarrung von Personen, die von der Kirche geprägt sind. Weil sie sich im Besitz der Wahrheit wissen, vermisst man bei ihnen jene leidenschaftliche Suche nach der Wahrheit des eigenen Lebens, die durchaus bei vielen Kirchenfernen anzutreffen ist. Es fällt auf, dass bei den strengen Meditationskursen, die mit außerordentlicher Konzentration und körperlicher Anstrengung verbunden sind, jene Menschen sich einfinden, die in der Kirche fehlen. Die meisten sind in einem Alter zwischen 25 und 45. Die Sinnfrage ist bei ihnen in einem solchen Maß aufgebrochen, dass sie gerne Zeit und Geld aufwenden, um die Zerrissenheit ihres Daseins zu heilen. Sie tun es, weil sie eine Wandlung ihres Wesens erfahren, etwas, was ihnen über alles wertvoll ist.

Im herkömmlichen kirchlichen Raum, in Pfarrgemeinden und Orden ist weniger von der Leidenschaft der Suche zu spüren. Man tut seine Pflicht, die oft sehr schwer ist und versucht, einigermaßen über die Runden zu kommen. Es ist weniger üblich, sich existentiellen Fragen zu stellen, sie auszuhalten oder gar eine Krise aufkommen zu lassen. Man lebt nach dem Lebenskonzept, das allgemein als gültig anerkannt ist. Ein eigenes zu entwickeln liegt gar nicht im Bereich der Überlegungen. Belastungen werden eher ertragen. Aber werden sie wirklich gelöst? Vieles spricht dafür, dass sie verschwiegen und unterdrückt werden und auf andere Weise sich melden: In Gespanntheit, Intoleranz, schließlich in neurotischem Verhalten und Krankheiten.

Eine gute Möglichkeit, tieferliegenden Fragen auszuweichen, ist oberflächliche Bedürfnisbefriedigung, Flucht in Arbeit und hektische Betriebsamkeit. Dazu gehört auch die ängstliche Sorge um Besitz und Ansehen. Selbst religiöses Tun kann ein Ausweichen sein. Es ist nicht übertrieben zu sagen: Man kann vor lauter Religiosität den Anruf Gottes überhören. Denn weil man ja die Norm der Kirche erfüllt, fühlt man sich gesichert und glaubt deshalb ein Weiterdenken und eine Weiterentwicklung nicht nötig zu haben. Weil man den Fragen nicht auf den Grund geht, kann man auch nicht zum Grund der Dinge kommen. Somit wird Wandlung zu einem Begriff, der gar nicht im Bereich erstrebenswerter Möglichkeiten liegt.

2
Das Modell der Tiefenpsychologie

Die analytische Psychologie bietet zum Thema der Wandlung neue Aspekte. Nach Jung ist gerade die Wandlung des Menschen seine eigentliche Aufgabe. Er nennt diesen Vorgang Individuation. Das Individuum, der einzelne Mensch, soll zu seiner Einmaligkeit gelangen. Er soll lernen, sich von kollektiven Vorstellungen und Grundmeinungen was „man" denkt, tut, für recht hält zu unterscheiden und zu lösen. Nicht aus purer Opposition, sondern weil sein ureigenstes Wesen und mit ihm die schöpferischen Kräfte erwachen. Damit ist die Veränderung eines krankmachenden Denk-, Erlebens- und Handlungsrahmens inbegriffen. Individuation ist also zunächst eine Veränderung der Persönlichkeit von innen, vom ganz Individuellen und Transzendenten her. Der Einwand, das Ganze sei Individualismus und Egoismus, liegt auf der Hand. Damit wird man aber in keiner Weise dem Anliegen Jungs gerecht. Eine in seinem Sinne gewachsene Individualität ist zutiefst verbunden mit der gemeinsamen seelischen Wurzel aller Menschen; denn was dem einzelnen ganz persönlich nahegeht, findet sich in der Erfahrung anderer Menschen wieder. Zudem wird er in einem ganz hohen Maße zum kreativen, sozialen Handeln befähigt.

Nicht mehr ein starrer, ängstlicher, zwanghafter Gehorsam gegenüber geschriebenen oder ungeschriebenen Gesetzen bestimmen seine Art, mit Menschen umzugehen, sondern Einfühlungsvermögen und die Fähigkeit, sich von Fragen anderer Menschen betreffen zu lassen.

Wer den Frieden mit sich gefunden hat, verbreitet eine Atmosphäre der Harmonie, der Angstfreiheit und des Angenommen seins. Was ihn einst in Auseinandersetzungen an Ängsten und Sorgen gequält hat, kann er jetzt lassen. Dahinter standen die nicht angenommen abgespaltenen

Persönlichkeitsanteile, die jetzt integriert sind.

Damit ist der zweite Aspekt der Individuation angesprochen, nämlich die Ganzheit der Persönlichkeit, die Aufhebung der Spaltung. Als das wichtigste Kennzeichen der Individuation sieht Jung den Anschluss an das *„Grenzenlose"*, wie er das Religiöse nennt. Berührungspunkt mit Gott ist der innerste Kern eines Menschen. Bei dem Prozess der Individuation dreht sich alles um die Entfaltung dieser zuinnerst angelegten Menschlichkeit. In ihr ist Gottes Schöpferwille verborgen und will entdeckt werden.

Jung spricht in Anlehnung an den Schöpfungsbericht und die Kirchenväter vom Bild Gottes im Menschen (Gen 1,26,27). Dieses entwickelt eine eigene psychische Dynamik, indem es als letzte und mächtigste Instanz den Menschen von innen her bewegt und ordnet.

Es ist der Erlebnisfaktor, der Bewusstes und Unbewusstes umfasst; er wird der Archetyp des *„Selbst"* genannt. Das *„Selbst"* kann man sich als ein dem vordergründigen Ich gegenüber liegendes, wirkendes zweites Ich vorstellen, als ein Zentrum und zugleich als ein umfassendes, großes Ganzes der Persönlichkeit.

Der ganz persönliche, bewusst wahrgenommene Weg, die ganz eigene Entwicklung beginnt dann, wenn ein Mensch in diesem Zentrum angesprochen und getroffen wird. Es handelt sich um erschütternde und einschneidende Erlebnisse oder auch um eine ganz leise sprechende Stimme. *„Das Wort Gottes ist schärfer als jedes zweischneidige Schwert"* (Hebr 4,12).

3

Existentielle Fragen - existentielle Wandlung

Jeder psychotherapeutisch Tätige hat es mit Lebenskrisen zu tun, ebenso jeder Seelsorger. Man wird dem Phänomen einer Lebenskrise nur gerecht, wenn man sie auf die Grundeinstellungen des Leidenden hinterfragt. Ebenso kann in einer Krankheit eine ungelöste Lebensfrage enthalten sein. Dazu gehört das schon erwähnte Verhältnis zu den Emotionen. Eine Ehekrise ist der Paradefall dafür. In der Terminologie Jungs heißt das: Jedem in der Krise Stehenden ist aufgetragen, seinen eigenen gegengeschlechtlichen Seelenanteil anzunehmen, der Mann die Frau in sich und die Frau den Mann in sich. Gewöhnlich ist es so, dass der Mann lernen muss, mehr Gefühle zu riskieren, die Frau darin sich üben muss, sich abzugrenzen und Nein zu sagen. Eine Besserung in den Beziehungen ist aber von vielen unbekannten Faktoren abhängig. Nach Jung geht die Störung im Emotionalen auf Störungen des Geistes zurück. Er sieht in der Tiefe des Unbewussten nicht nur eine Triebdynamik, sondern dahinter noch eine Geistesdynamik mit ihren Ansprüchen und ihren heilenden Kräften. Sie äußert sich in den Fragen nach dem letzten Sinn des Menschseins. Warum muss ich so viel leiden? Was ist mit meiner Sehnsucht? Wie werde ich damit fertig, dass ich älter werde und die Kräfte nachlassen? Gibt es eine letzte endgültige Gewissheit und Geborgenheit, die über den Tod hinausgeht? Ist die Transzendenz eine Illusion?

Diese Fragen quälen den Menschen durch Neurosen, Krisen und Krankheiten. Was die existentiellen Fragen im Besonderen ausmacht, ist dies: sie können nie von außen beantwortet werden, auch nicht durch rationales Denken und logische Schlussfolgerungen. Keiner sei ,so Jung, von ihm geheilt weggegangen, der nicht seine religiöse Einstellung gefunden habe.

Die Antwort wird nur durch Wandlung der Persönlichkeit möglich.

Somit werden Lebenskrisen zur Chance der Entwicklung und Reifung. Leiden wird sinnvoll, wenn es die Tiefe des Seins aufbricht und von dort die ordnenden, heilenden und tragenden Kräfte freisetzt.

4
Verlust und Gewinn

Der Prozess der Wandlung und Ganzwerdung, den Jung *Individuation* nennt, lässt sich nicht willentlich herbeiführen. Niemand kann ihn auf einen guten Rat hin oder im Gehorsam beginnen. Es bedarf dazu einer Einstiegserfahrung. Es ist ein Ereignis, das einem widerfährt, und in dem eine neue Dimension des Daseins, sogar eine neue Welt aufgeht. In der Heiligen Schrift ist von Berufung die Rede, und es werden Berufungsvisionen geschildert. Sie sind so bedeutend, dass sie das Leben eines Menschen auf die Dauer verändern.

Das eindrucksvollste Beispiel ist der Apostel Paulus. Er wird in seiner Bekehrungsvision im Kern seiner Persönlichkeit getroffen. Seine bisherige Vorstellung von Gut und Bös (Vgl. Phil 3,7) verliert ihre Bedeutung. Damit werden auch alle Beziehungen zu seinen bisherigen Freunden und Gleichgesinnten abgebrochen. Die Stelle im Philipperbrief macht das, was bei der Umkehr geschieht anschaulich: *„Doch was mir damals ein Gewinn war, das habe ich um Christi willen als Verlust erkannt."* (Phil 3,7) *Umkehr* bedeutet die Umkehrung aller Werte, aber nicht auf Grund eines guten Vorsatzes, sondern auf eine innere Erfahrung hin, die überzeugender ist als die bisherige Neurose.

Was den neuen Zustand des Apostels ausmacht, besteht in neuen Überzeugungen von dem, was wertvoll, gut und richtig ist. Innerer Druck und tötende Zwanghaftigkeit sind abgefallen. Er kann Gott unmittelbar erfahren ohne Erfüllung der Gesetzesvorschriften, ohne Wenn und Aber. Dies erlebt er als beglückende Freiheit. Sie ist ja der Ausdruck dafür, dass man ganz und gar aus dem Eigenen leben darf und nicht mehr fremden Mächten unterworfen ist. Dieses Eigene fällt mit dem göttlichen Funken, von dem Paulus berührt wurde, zusammen. Für ihn brach eine

Welt zusammen, und es entstand eine neue. Sein ganzer Rahmen des Denkens und Erlebens veränderte sich.

Mit Recht verwendet Paulus das Wort von der *„Neuheit des Lebens“* (Röm 6,4), *„vom neuen Wesen des Geistes“* (Röm 7,6), von der *„neuen Schöpfung“* (Gal 6,15). Das Neuwerden in allen Dimensionen ist die Grunderfahrung der ersten Christen. Ein weiterer Ausdruck dafür ist *„Wiedergeburt"* (Tit 3,5) und von *„neuem geboren“* (Joh 3,7) und *„aus Gott geboren"* (Joh 1,13). Die Neuheit seines Lebens ist für Paulus wie Licht, das die Finsternis erhellt. Gott ist in seinem Herzen *„aufgeleuchtet“* (2 Kor 4,6).

Paulus steht für die Geschichte ungezählter Menschen in Lebenskrisen und inneren Wandlungen. Es gilt, in der Dunkelheit so lange durchzuhalten, bis das erstarrte, vertrocknete, abgekapselte Ich aufbricht und wieder Anschluss findet an die Urbilder, die Quellen der menschlichen Seele. Dieses Durchhalten im Nullpunkt hat sehr viel mit dem von Jesus gemeinten Glauben zu tun. Als ein sich offen und bereit Halten ist es die aktive Seite des Glaubens. Sie muss solange dauern, bis Gott erfahrbar in der Seele wirkt. Die Psychologie spricht dann von *Enantiodromie,* von *Gegenläufigkeit*. Die Eigentätigkeit der Seele beginnt; die heilenden, erleuchtenden, ordnenden Kräfte bestimmen nun den seelischen Haushalt, nicht mehr die niederdrückenden und chaotischen. In religiöser Sprache heißt es: Gott hat die Führung der Seele übernommen. Das Ich ist nun aufgehoben in einem größeren Persönlichkeitsumfang, der unmittelbar im Transzendenten wurzelt. Damit ist auch die erlebnismäßige Seite des Glaubens zum Zug gekommen.

Für den mühevollen Prozess der Selbsterfahrung und Wandlung wird in der Bibel das Wort Weg verwendet. Die großen Gestalten machen sich auf den *„Weg"* und legen weite Wege zurück, wie Abraham, Jakob, das israelitische Volk, Jesus selbst und Paulus. Das Äußere entspricht dem

Inneren. Jesus ist selbst der *„Weg"*, er *„geht"* zum Vater (Joh 14,28). Heilung in einem umfassenden Sinn ist gleichbedeutend mit der Entfaltung des Kerns der Seele und mit Reifung der Persönlichkeit. An diese Inhalte dürfen wir denken, wenn in der Heiligen Schrift von *Berufung, Umkehr, Wiedergeburt, zu Gott kommen* die Rede ist.

5
Der große Schatz

Wer sich auf diesen Wandlungsprozess einlässt, erfährt in eigener Weise etwas von dieser Heilung. Ein Mensch, der glaubend eine Lebenskrise durchgestanden hat, geht als ein anderer daraus hervor. Er setzt in seinem Leben andere Prioritäten. Er verwendet Zeit, Mühe und Geld für den inneren Fortschritt. Er ist nicht mehr angewiesen auf die Anerkennung und das Wohlwollen anderer. Damit hören auch Schuld- und Minderwertigkeitsgefühle auf. Die bedrängenden Probleme mit Beziehungen, mit dem Leid, dem Alter, der Sinnfrage sind einer inneren Gewissheit gewichen, die aus dem Anschluss an das Transzendente kommt. Überkommene Zwänge, die einengten und nicht leben ließen, lassen nach. Das Gute geschieht wie von selbst.
Mit Menschen, die uns bisher fremd waren, wird ein lebendiger, herzlicher Kontakt möglich. Ein innerer, als berechtigt empfundener Anspruch drängt einen dazu, die täglichen Gewohnheiten umzustellen und auf dem eingeschlagenen Weg weiterzugehen.
Wer in seinem eigenen Leben Entwicklungen kennt, wird geduldiger mit anderen. Er hat Verständnis dafür, dass auch sie ihren eigenen Weg gehen müssen. Jung sieht im Niedergang des religiösen Lebens die Ursache für die seelische Not des modernen Menschen, aber darin zugleich die Chance der Urerfahrung und der Wandlung. *„Aus dem Leiden geht*

jede Schöpfung hervor und jeglicher Fortschritt." [22] Das, was den Menschen im Grunde seines Herzens wirklich heilt, ist die religiöse Erfahrung. *„Es ist gleichgültig, was die Welt über die religiöse Erfahrung denkt. Derjenige, der sie hat, besitzt den großen Schatz einer Sache, die ihm zu einer Quelle von Leben, Sinn und Schönheit wurde und die der Welt einen neuen Glanz gegeben hat. Er hat Pistis (Glauben) und Frieden"*.[23]

---

[22] C. G. Jung, Zur Psychologie westlicher und örtlicher Religion, GW Bd 11, S.358
[23] ebenda S.116

Heilung durch Begegnung

1
Begegnung ist Leben

Eine Sackgasse ist das Ende eines Weges. Das Leben erstickt in Isolierung und Einsamkeit. Wenn uns hier jemand begegnet, dem wir unser Herz und auch unsere Tränen ausschütten können, beginnt das Leben neu zu fließen. Das Leiden an der Einsamkeit verschließt die Türen unseres Herzens, ein Mensch, der uns versteht, öffnet sie. Es ist, als ob ein Vakuum frische Luft und neue Lust zum Leben ansaugen würde. Neue Energien strömen einem zu, die dem Leben Intensität, Farbe und Kraft verleihen.

An dem Punkt, an dem sich aller Schmerz gesammelt hat, berührt zu werden, ist etwas vom Schönsten. Aus der leidvollen Einsamkeit wird eine beglückende Nähe. Auf dem Hintergrund dieser Erfahrung kann man dem Religionsphilosophen Martin Buber zustimmen, wenn er sagt: *„Alles wirkliche Leben ist Begegnung“*. Er hat den Begriff der Begegnung für den pädagogischen Bereich geprägt. Für ihn ist die Ich - Du Beziehung zwischen Lehrer und Schüler, Grundlage pädagogischer Einwirkung. *„Alles wirkliche Leben ist Begegnung“,* so Buber wörtlich, *„...der andere muss nur in seiner Potentialität erschlossen werden und zwar im Wesentlichen nicht durch Belehrung, sondern durch Begegnung, durch existentielle Kommunikation zwischen einem Seienden und einem Werden Könnenden“.*[24]

Begegnung ist einerseits die volle Aufmerksamkeit und Zuwendung und andererseits die Wirkung zweier voneinander unabhängiger Personen auf einander. Die gegenseitige Anregung und Herausforderung schafft

---

[24] Martin Buber zit. n. Grete Schaeder, Martin Buber, Hebräischer Humanismus, Göttingen 1966, S.153

bei beiden etwas Neues; es ist ein Geben und Nehmen auf der Ebene existentieller Betroffenheit. Im Blickfeld steht die gegenseitige Betroffenheit. Der eine wird buchstäblich von dem getroffen, was den andern bewegt, und in ihm bricht etwas auf, was wieder zurückwirkt. Es geschieht auf einer Basis, auf der wir selbst nicht unmittelbar handeln, sondern eher nur zulassen können. Es ist dann immer die Frage: Was bei dem einen löst was beim anderen aus? Innere Ergriffenheit von etwas Großem, Erhabenen und Schönem - wir können auch sagen vom Religiösen - überträgt sich in einer guten Beziehung von selbst, besonders in einem intensiven Gespräch oder in einem Vortrag. Einer wirkt auf den andern ein, sowohl der Redende auf den Hörer als auch dieser auf den Redenden, der durch die Aufnahmebereitschaft des Gegenübers beziehungsweise des Publikums zur Entfaltung seiner Ideen angeregt wird. Hier dürfen wir durchaus eine Parallele sehen zu den Bedingungen und Anforderungen, die eine ernstzunehmende Psychotherapie an den Therapeuten stellt.

2
Nur der Verwundete heilt

Nach C. G. Jung ist im Fall einer seelischen Krankheit das Mittel der Heilung kein anderes als der Arzt selbst. *„Nur wo der Arzt selber betroffen ist, wirkt er. Nur der Verwundete heilt“*.[25] Ein Mensch aber, dessen Herz nicht gewandelt ist, wird das Herz keines andern Menschen verändern. Der psychotherapeutisch herausgeforderte Arzt muss *„der lebendigen Ganzheit des Patienten mit seiner eigenen Persönlichkeit entgegentreten. Er ist das stärkste Agens der Therapie“*.[26] Jung beruft sich auf den mittelalterlichen Arzt Paracelsus, der auf Grund seines ganzheitlichen

[25] C.G.Jung: Erinnerungen, Träume und Gedanken, Zürich 1962,S.139
[26] C.G. Jung GW Bd VIII/2, S.653

Ansatzes von Leib, Seele, Geist und Kosmos in der alternativen Medizin großen Anklang findet: *„Der Arzt ist das Mittel, dadurch die Natur in das Werck gebracht wird...ist dein Herz falsch, so ist auch der Arzt bei dir falsch“.*[27]

Nach C. G. Jung soll der Arzt der lebendigen Ganzheit des Patienten mit der Ganzheit seiner eigenen Persönlichkeit entgegentreten. Seine Aufgabe ist es, die heilenden Keime im Patienten zu wecken. Er ist nicht nur mit seinem Wissen und Können herausgefordert sondern ebenso als Mensch mit seiner Identität, das heißt mit seinem Wissen, seinen Überzeugungen, Emotionen und mit seiner Geschichte. Alles, was diese enthält, ist für den Erfolg wesentlich mitbestimmend.

Die Antworten auf folgende Fragen sind für den Heilungserfolg entscheidend. *Was ist in meinem Leben schon geschehen? Welche Höhen und Tiefen wurden schon ausgelotet? Was ist bewältigt? Und was blockiert ungelöst und unverarbeitet den Heilungsvorgang*? Im letzten kommt es darauf an, wie viel Lebensbejahung und Hoffnung von ihm ausgeht oder wie viel Skepsis trotz aller klingenden Worte. Keiner, der den Anspruch des Heilers an sich selbst stellt, kann sich selbst draußen lassen. Die Ärzte werden sogar aufgefordert zu fragen, welche Botschaft der Patient für sie selber bringt. *„Was bedeutet er für mich? Wenn der Patient nichts für mich bedeutet, habe ich keinen Angriffspunkt. Nur wo der Arzt selber betroffen ist, wirkt er. Nur der Verwundete heilt“.*[28] Der Begriff *„der verwundete Heiler“* meint die eigene, leidvolle aber bewältigte Lebensgeschichte als Voraussetzung für wirksames therapeutisches Handeln. Man könnte es *das Kapital* oder die ganz persönliche Investition nennen, die ein guter Heiler einsetzt, um aus dem Leid zu befreien.

In seinem Vortrag auf der evangelischen Pastoralkonferenz 1932 in Straßburg erklärt er den versammelten Pfarrern, dass ein Arzt genauso

[27] C.G.Jung: Paracelsica, Paracelsus als Arzt Zürich 1942,S.40
[28] Jung, Erinnerungen, S.139

wie auch ein Seelsorger die Seele nur führen oder begleiten könne, wenn er mit ihr Fühlung hat. *„Diese Fühlung kommt nie zustande, wenn der Arzt verurteilt. Ob er das mit vielen Worten tut oder unausgesprochen im Stillen, ändert nichts an der Wirkung".*[29] Genauso wenig dürfe er dem Patienten gegen die eigene Überzeugung in allem unbesehen Recht geben. „*Fühlun*g", d.h. das Einschwingen des eigenen Empfindens in das des anderen, *„entsteht"*, so Jung, *„nur durch vorurteilslose Objektivität...„Es ist etwas Menschliches, etwas wie eine Hochachtung vor der Tatsache, vor dem Menschen, der an dieser Tatsache leidet, vor dem Rätsel eines solchen Menschenlebens. Der wahrhaft religiöse Mensch hat diese Einstellung. Er weiß, dass Gott allerhand Wunderliches und Unbegreifliches erschaffen hat und auf den allerabsonderlichsten Wegen des Menschen Herz zu erreichen sucht. Deshalb fühlt er in allen Dingen die dunkle Gegenwart des göttlichen Willens. Unter „vorurteilsloser Objektivität" meine ich diese Einstellung".*[30] Was Jung aus seiner Erfahrung im Umgang mit Leidenden fordert, trifft viel von dem, was Martin Buber mit *Begegnung* auszudrücken versucht.

3
Jesus, der verwundete Heiler

Es kann uns neugierig machen, inwieweit das, was der Begründer der Tiefenpsychologie und der jüdische Religionsphilosoph meinen, auf Jesus als Heiler und die von ihm berichteten Heilungserzählungen zutrifft, wie Jesus auf die Bitten der Hilfesuchenden reagiert, wie er sich in die Begegnung einbringt. Hier wird noch einmal das Thema des *Berührens* wichtig. Dies zeigt die Heilung eines Aussätzigen, wie sie Markus berichtet: *„Da kam ein Aussätziger zu ihm, fiel auf die Knie und*

---

[29]C.G. Jung, Zur Psychologie westlicher und östlicher Religionen, GW Bd 11, S.358
[30]ebenda

bat ihn: „Wenn du willst, kannst du mich rein machen. Voll Erbarmen streckte er die Hand aus und sprach zu ihm: Ich will, sei rein!“ (Mk 1, 40-45). In einer anderen Textüberlieferung steht statt *„er erbarmte sich“* (splangnistheis) *„er geriet in Zorn“* (orgistheis). Nach einer Regel der Textkritik sollte man die schwierigere Lesart bevorzugen. Drewermann meint, es sei wahrscheinlicher, dass beide Lesarten auf ein und dasselbe hebräische (oder aramäische) Wort zurück gehen, das ursprünglich *„wejaham- „er erhitzte, erregte sich“* lautete. Und er bemerkt dazu: *„In jedem Falle wird deutlich, welch einer inneren Anspannung es bedarf, um sich auf eine Wunderheilung einzulassen“*.[31] Es ist eine extreme existentielle Herausforderung.

Zugleich sollten wir nicht außer Acht lassen, dass das Wort *„er berührte ihn“* etwas von der bedingungslosen Zuwendung Jesu zum Kranken aussagt. Einen Aussätzigen zu berühren ist mehr als eine beiläufige, wohlwollende Geste; es wird hier eine Barriere durchbrochen, welche von der Angst der Menschen errichtet und einen Kranken seines Menschseins beraubt hat. Der Aussätzige war ja ein Ausgestoßener, der schon von weitem *„unrein, unrein“* (Lev 13,46) schreien musste, damit ihm niemand zu nahe kommt. Indem Jesus ihn berührt, sagt er: *„Du bist mir nicht zu schmutzig und zu eklig!“* Er gibt ihm mit der Gesundheit seine Würde zurück. Es entsteht sogar eine Art Einheit und Gleichheit des Heilers mit dem Leidenden. Mit anderen Worten: Jesus ist selbst zum Aussätzigen geworden, d.h. ein Außenseiter und Ausgestoßener, um Ausgestoßene zu retten.

Hinter den dürftigen Worten *„Voller Erbarmen streckte er seine Hand, berührte ihn, und sagte: Ich will, werde rein!“* (Mk 1,40) verbirgt sich jene Einstellung, die Jung mit seelischer Fühlung, Hochachtung vor dem Schicksal des einzelnen und Erahnen des Willens Gottes bezeichnet.

---

[31] Eugen Drewermann, Tiefenpsychologie und Exegese II, Olten 1985, S.114

Jesus ist der Heiler, der dem Idealbild Jungs entspricht.

Ganz auf dieser Linie liegt auch das Bekenntnis des hl. Franziskus in seinem Testament, dass er durch die Begegnung mit den Aussätzigen ein anderer Mensch wurde. *„Als ich in Sünden lebte, kam es mich sehr bitter an, Aussätzige zu sehen. Aber der Herr selbst führte mich unter sie, und ich erwies ihnen Barmherzigkeit. Als ich von ihnen ging, ward mir dasjenige, was mir vorher bitter vorgekommen war, in Süßigkeit für den Geschmack des Leibes und der Seele verwandelt“.*[32]

In diesem Zusammenhang dürfen wir noch einmal die Stelle sehen, in der Jesus einen Taubstummen heilt (Vgl. Mk 7, 31-37). Die Berührung von Ohren und Mund ist weniger ein magischer Ritus als vielmehr ein Zeichen, dass Jesus diesem Menschen einen Raum der Nähe und Geborgenheit bietet und sich mit ihm so sehr gleichsetzt, dass er an seiner Stelle seufzt. Es ist auch wichtig, die innere Bewegtheit Jesu beim Tod seines Freundes Lazarus und bei der anschließenden Auferweckung mit heranzuholen. Bei Johannes lesen wir: *„Als Jesus sah, wie sie weinte und wie auch die mit ihr kommenden Juden weinten, wurde er im Geiste tief erschüttert und voll innerer Erregung sprach er: „Wo habt ihr ihn hingelegt?“ Sie antworteten ihm: „Komm, und sieh!“ Jesus weinte“...Abermals wurde Jesus in seinem Innern erschüttert und ging zum Grab“* (Joh 11, 33,35,38). Selbst wenn man die Einwände gegen die Historizität dieser Erzählung durch die moderne Forschung gelten lässt, so dürfte doch die Schilderung der Gemütsbewegung Jesu der historischen Wirklichkeit entsprechen: tief erschüttert, voll innerer Erregung sein, weinen um den Tod eines Freundes. Ein weiterer Hinweis, wie sehr sich Jesus für das Schicksal von armen und unglücklichen Menschen eingesetzt hat, sind die Heilungen am Sabbat (Vgl. Mt 12, 9-14, Lk 13, 10-17, Lk 14, 1-6). Er riskiert die Feindschaft

---

[32] Vgl. Franz von Assisi, Legenden und Laude, Hg. Otto Karrer, Zürich 1975, S.547

der religiösen Führer, sogar sein Leben.

Fassen wir noch einmal zusammen, was Jesus in die Begegnung mit leidenden Menschen einbringt: Er lässt sich vom Schmerz der Menschen aufwühlen, er stellt sich mit dem ganzen Einsatz seiner Person dem Schicksal dieser Menschen entgegen, er bietet einen Raum der vollen Sicherheit und Geborgenheit, er zeigt, wie viel mehr ihm ein Mensch wert ist als das Gerede der Leute, als die Auffassung einer starren Tradition, als die Meinung der religiösen Obrigkeit, als die Drohungen, die an sein Leben gehen. Jesus hat wohl dem Menschen in Not vermittelt: *Ich bin ganz für dich da! Dein Schicksal und das deines Kindes sind mir wichtig wie mein eigenes Leben!*

Der letzte, radikale Einsatz auf der Seite der Bittsteller wie auf der Seite des Heilers hat neues, fühlbares, greifbares, beglückendes, wirkliches Leben erschlossen.

Die Heilungen Jesu sind mehr als Erfolge, die auch gute ärztliche Kunst mit modernen, medizinischen Mitteln leisten würde. Er öffnet eine Dimension, welche die Schäden einer akuten Neurose, mehr noch Angst, Trennung und Tod aufhebt. Die *Kraft*, aus der heraus Jesus heilt, (Lk 5,17; Lk 6,19) dürfen wir in Parallele sehen zu der Kompetenz, die ein Psychotherapeut im Sinne Jungs haben soll. Jesus erfüllt die Forderung, dass der Psychotherapeut der lebendigen Ganzheit des Patienten mit der Ganzheit seiner Persönlichkeit entgegentreten müsse; dass die persönliche Ausstrahlung des Therapeuten die heilende Kraft weckt und dass in der seelischen Heilkunst die schöpferische Persönlichkeit des Heilers das Entscheidende ist.

Übertragen auf die Situation Jesu und der Menschen, mit denen etwas geschah, bedeutet das: Jesus hat wesentlich durch *existentielle Kommunikation* auf die Menschen eingewirkt, also nicht nur mit Worten, sondern mit der *Tiefe seiner Existenz*. Die Worte kamen aus den Wurzeln seines Wesens und haben Menschen in ihrem Kern, in der Mitte ihres Wesens angesprochen, aufgerüttelt und bewegt. *„Und es geschah, als Jesus diese Reden vollendet hatte, da waren die Scharen außer sich über seine Lehre; denn er lehrte sie wie einer, der Macht hat, und nicht wie ihre Schriftgelehrten"* (Mt 7,28). So berichtet Matthäus über die Reaktion der *Zuhörer* auf die Bergpredigt und bestätigt, dass hier nicht *Belehrung* im Sinne einer Wissensvermittlung, sondern *Begegnung* stattfand.

Ähnlich verhält es sich zwischen den Hilfesuchenden und Jesus. Das volle Vertrauen und die volle Hingabe in der Bitte ruft die heilende Kraft hervor. Die geistige Kraft seiner Persönlichkeit, welche mit der Nähe zu Gott in eins geht, wirkt sich auf die leidenden und hoffenden Menschen aus. Er lässt sie an seiner inneren Welt teilhaben. So wie sich für ihn der Himmel aufgetan hat, so geschieht dies auch bei jedem, der ihm in der Tiefe seines Herzens nahe kommt.

Die Stimme, die sagte: *„Du bist mein geliebter Sohn, an dir habe ich mein Wohlgefallen" (*Mk 1,11), gilt auch für jeden, der in die Atmosphäre Jesu eintritt. Jeder und jede darf für sich das Wort hören: *„Du bist mein geliebter Sohn! Du bist meine geliebte Tochter*!" Das bedeutet, einmal voll und ganz verstanden und angenommen zu sein. Es ereignet sich beim Zöllner Zachäus, dem sich Jesus spontan zuwendet, und bei vielen andern. Durch die Freude, die ihm widerfährt, wird er ein ganz anderer, einer, als den man ihn bisher nicht gekannt hatte. Er kann auf die Hälfte seines Vermögens verzichten und Betrügereien wieder gut machen. Er ist von seiner Habsucht geheilt (Vgl. Lk 19, 1-20).

Jesus hat nicht durch Ermahnung, sondern durch *Begegnung* die Menschen verändert. Jesus stellt sogar den konkreten Menschen, der vor ihm steht, über das geltende Gesetz, als er einen Mann mit einer toten Hand am Sabbat heilt (Vgl. Mk 3, 1-6). Der Meister ist von seinem

Schicksal zutiefst bewegt. So lässt er den Mann mit seiner Behinderung in die Mitte des Raumes treten, noch mehr in die Mitte aller weiteren Überlegungen. Seine Würde und seine Gesundheit sind das maßgebende Prinzip für das, was zu tun ist, nicht ein anonymes Gesetz. Die Richtlinie Jesu ist: *„Der Sabbat ist um des Menschen willen da, nicht der Mensch um des Sabbats willen"* (Mk 2,27). Damit stürzt er die herrschende Ordnung um. Es prallen die Gegensätze aufeinander. Wie ernst das Ganze ist, zeigt sich in der anschließenden Konfrontation: Auf der einen Seite das Schicksal des Mannes, der Zorn und die Trauer Jesu - auf der andern Seite die Absicht der Gegner, ihn zu vernichten. Für Jesus ist der Wert eines Menschen so hoch, dass er eine scheinbar ewig gültige, unantastbare Ordnung in Frage stellt, in den Augen der Gesetzeshüter einen Frevel begeht und entsprechende Bestrafung riskiert.

4
Begegnung ist Glaube

Mit Recht dürfen wir von einer tiefgreifenden Begegnung im Sinne Martin Bubers sprechen. In anderen Erzählungen finden wir die Elemente einer existentiellen Kommunikation und Heil wirkenden Begegnung noch genauer beschrieben. Auf der Seite der kranken, gestörten, von Leid heimgesuchten Menschen sind es tiefste Erschütterungen, Einbrüche bis zu Todesnöten und vollste Hinwendung zu Jesus als einem letzten Rettungsanker. Auf der Seite Jesu ist es ähnlich: er reagiert mit dem *Grad an Zuwendung, mit dem er angesprochen* wird.

Es sei noch einmal die Frau erwähnt, die im Gedränge Jesus berührt, um geheilt zu werden (Vgl. Lk 8, 43-48). Sie riskiert alles, sogar die Möglichkeit, vom Meister zurückgewiesen und als Gesetzesübertreterin bloßgestellt, eventuell sogar gesteinigt zu werden.

Denken wir an den blinden Bartimäus, der buchstäblich um sein Leben schreit gegen den Lärm und die Zurückweisung der Umstehenden und auf die Gefahr hin, dem Meister lästig zu fallen. Ähnlich verhält es sich auch mit der Frau aus Syrophönizien (Mk 7, 24-30, Mt 15, 21-28). Sie, die gar kein Recht auf Jesu Wohltat hat, drängt sich ihm auf, angetrieben von ihrem Schmerz. Diesen *Einsatz* bestätigt er ihr genauso wie dem Blinden von Jericho *als Glaube*.

Die Menschen bringen in die Begegnung mit Jesus den Aufwand aller Kräfte ein. Alle Aufmerksamkeit konzentriert sich auf den einen Punkt, dass Jesus helfen kann. Dies löst seine positive Reaktion aus. Es geht buchstäblich um alles oder nichts, es ist das Spiel, bei dem man alles gewinnen oder verlieren kann.

In der mittelalterlichen Alchemie, deren psychologische Bedeutung C. G. Jung erschloss, gab es den Spruch: *Die Kunst erfordert den ganzen Menschen.* Mit Kunst ist die Wandlung von Blei zu Gold oder die Herstellung des Steins der Weisen gemeint. Dem tieferen Sinne nach geht es aber um die Wandlung des Meisters, welcher die Prozedur ausführt. Den von der Alchemie geprägten Satz kann man deshalb so interpretieren: Die letzte, höchste Kostbarkeit, die wir erreichen können, erfordert den Einsatz der ganzen Persönlichkeit ohne Wenn und Aber.

Erst, wenn wir uns ganz bewusst dem Leidensdruck stellen und die Zerrissenheit aushalten, erreichen wir den Wendepunkt, wo schöpferische Keime geweckt werden. Die Dynamik des ganzen Prozesses ist das, was Jesus *„Glaube"* nennt. Er löst die heilende Kraft aus. Im Zentrum der Heilungsgeschichten steht immer der *„Glaube"* der hilfsbedürftigen, leidenden Person.

Denken wir auch an die Heilung eines gelähmten Mannes in Kapharnaum (Mk 2, 1-12), als Jesus den recht ungewöhnlichen Einstieg über das Dach als Ausdruck des Glaubens interpretiert, ebenso noch einmal an die blutende Frau, die sich für ihr verborgenes Leiden die Kraft Jesu im Geheimen holt. Glaube umschreibt das enge Band zwischen Jesus und den Heilungsbedürftigen, zwischen ihm und seinen Jüngern.

Die Hilfeschreie und das Vertrauen der Leidenden in den Evangelien haben einen Nachhall in den Votivbildern an den Wallfahrtsorten gefunden. Wir finden dort Szenen von größtem Schrecken und höchster Not dargestellt: brennende Gehöfte, umstürzende Bäume, scheuende Pferde, Ereignisse von Krieg und Gefangenschaft. Sehr häufig sieht man auch eine Person mit offenem Mund und ausgebreiteten Armen als Bild des Hilfeschreis. Man darf sich erinnert fühlen an den Schrei des Blinden von Jericho, der Syrophönizierin, der Aussätzigen und an den Todesschrei Jesu. Von ihm heißt es im Hebräerbrief, dass *„er mit lautem Schreien und unter Tränen Gebete und Bitten vor den gebracht, der ihn aus dem Tod erretten konnte"* und dass er *„erhört und aus seiner Angst befreit wurde"* (Hebr 5,7); er ist der *„Hohepriester, der mitzufühlen vermag mit unseren Schwachheiten und der in jeder Hinsicht auf die gleiche Weise versucht wurde"*, so der Hebräerbrief (Vgl. Hebr 4,15). Das bedeutet aber, dass Jesus selbst einen Durchgang schaffen musste, der ihn durch Dunkelheit, Ängste, Zweifel und Leid führte, noch bevor sein öffentliches Auftreten begann.

5
Jesus auf dem Weg zum Heiler

Die Geschichte Jesu als Heiler beginnt mit der Vision bei der Taufe, dem Rückzug Jesu in die Wüste, seinem Fasten, seiner Auseinandersetzung mit dem Teufel, seinem Aufenthalt bei den wilden Tieren und dem Umgang mit den Engeln (Mk 1, 9-13; Mt 3, 13; 4, 11; Lk 4, 1-13). Was Jesus für sich allein in der Abgeschiedenheit durchlebte und durchlitt, dürfen wir als die Quelle der Kraft bezeichnen, die Jesus beseelt. Dies wird bestätigt, indem er sich immer wieder in die Einsamkeit zurückzieht, um dort zu beten (Mk 1,35) und dass er von dort mit Kraft aufgeladen zu den Menschen zurückkehrt (Lk 6, 12-19). Dass sich für Jesus bei der Taufe *der Himmel öffnete"* (Mt 1,16), dürfte mehr sein als ein Hinweis auf die enge Vertrautheit mit Gott.

Es gibt Einbrüche in ein Menschenleben, die beglückend und schmerzlich zugleich sind, die jemand, der sie nicht hatte, nicht nachvollziehen kann. In der Sprache der Tiefenpsychologie heißt es: Das Unbewusste öffnet sich. Jener Teil der Seele, in dem die ungelösten Gegensätze lagern und der von neuen Impulsen voll ist, stürmt plötzlich auf einen ein, übt eine gewaltige Anziehung aus und nimmt alle Aufmerksamkeit in Anspruch. Damit beginnt etwas Neues. Die Faszination der Seele kann einen Menschen in den Bann schlagen. Es ist eine Umkehr von außen nach innen, ein Weggerissen werden vom Bisherigen.

Auf diesem Hintergrund dürfen wir die Ereignisse der Taufe Jesu und seines Rückzugs in die Wüste sehen. Es heißt: *„Sofort trieb ihn der Geist in die Wüste"* (Mk 1,13). Das klingt nicht nach trauter Zwiesprache mit dem Vater, sondern nach Gewalt, die ihm von innen her angetan wird. Es ist eine falsche Spur zu meinen, Jesus hätte, weil er Sohn Gottes war, immer nur Harmonie in sich gespürt. Es ist sogar wahrscheinlich, dass er den Gegensatz von Menschlichem und Göttlichem in sich selbst nicht erst am Ölberg und am Kreuz, sondern am Anfang seiner bewussten Sendung in aller Schärfe durchleiden musste.

Die Erfahrung von Transzendenz kann so überwältigend sein, dass es einen fast zerreißt. Dazu bieten die Propheten des jüdischen Volkes und die Heiligen der Kirche anschauliche Beispiele. Als Jesaja im Tempel

Jahve sieht, schreit er auf: „*Weh mir, ich bin verloren*" (Jes 6,5). Dann aber brennt ihm ein Engel mit einer glühenden Kohle den Mund aus. Das Feuer erlebt auch Jeremia mit seinem Auftrag, der ihm nur Spott und Hohn einbringt. „*Sagte ich aber: Ich will nicht mehr an ihn denken und nicht mehr in seinem Namen sprechen, so war es mir, als brenne in meinem Herzen ein Feuer, eingeschlossen in meinem Innern. Ich quälte mich, es auszuhalten und konnte doch nicht*" (Jer 20,9).

Jeremia steht für viele, denen ein Gotteserlebnis widerfuhr und die davon nicht mehr los kamen. Man denke an das zerfurchte Gesicht eines Klaus von der Flühe, der alles andere lieber getan hätte als seine Familie zu verlassen, wäre nicht dieses Feuer in ihm gewesen.

Auch an den Philosophen Blaise Pascal sei erinnert, der auf einem sorgsam gehüteten Blatt Papier, dem Mémorial, nur mit ein paar aneinandergereihten Worten sein Erlebnis mit Gott schildert. Es beginnt mit „*Feuer*".[33] Es ist der Versuch, etwas auszudrücken, was man nicht in Worte fassen kann, ein Ereignis, das einen so unmittelbar erfasst, wie wenn man in sich ein Feuer trüge oder mitten im Feuer säße. Heranzuziehen ist auch ein Wort Jesu, das außerhalb der Evangelien überliefert ist: „*Wer mir nahe ist, ist dem Feuer nahe*".[34] Jesus sieht es sogar als seine Aufgabe, „*Feuer auf die Erde zu bringen*" (Lk 12,49).

Wer vom Feuer redet, erlebt einen schmerzvollen Prozess mit letzter Herausforderung der eigenen Existenz. Dazu auch das Beispiel des Elia: Elia begegnet Gott, nachdem er den Sturm, das Erbeben und das Feuer erlebt hatte. Aber Gott ist nicht im Sturm, nicht im Erdbeben und nicht im Feuer; sondern Gott ist im *sanften, leisen Säuseln* (1Kön 19,11). Es wäre aber ein Missverständnis zu meinen, die vorausgehenden Elemente könne man, seitdem es das Evangelium gibt, vergessen. Wer Gott sucht, muss mit ihnen rechnen, sogar durch sie hindurch. Das

---

[33] zit. nach Huub Oosterhuis, Im Vorübergehen, Wien 1969,S.18

[34] Origines, In Jeremiam homilia.XX, 3. In: Migne, Patr.gr. T. 13,col. 532

Leben sorgt meist dafür, dass ein Erdbeben den Grund der Seele erschüttert und dass man wie durch ein Feuer gehen muss. Erst dann gewinnt das Reden von Gott, der im sanften, leisen Säuseln ist, Kraft und hat Gewicht. Erst dann wird der Verkündiger wahr- und ernst genommen.

Um Jesus als Mensch gerecht zu werden, dürfen wir die Macht der Heilung nicht von vornherein seiner Gottheit zuschreiben so, als ob er von Anfang an vorbehaltslos darüber hätte verfügen können und in jeder schwierigen Situation einfach ein Wunder wirkte. Nimmt man die Aussage ernst, dass Jesus wahrer Mensch ist, dann hatte er auch eine menschliche und spirituelle Entwicklung und Reifung. Demzufolge hatte er einen mühsamen und schmerzvollen Durchgang ähnlich dem der großen Heiligen zu bestehen, bis er zu der Größe gelangte, die in den Evangelien geschildert wird. Die von den Synoptikern bezeugte Taufe Jesu und der anschließende Aufenthalt in der Wüste geben etwas von diesem Prozess, den Jesus zu bestehen hatte, wieder und sind ein Beleg dafür, wie wichtig der frühen Kirche der Werdegang Jesu war. In alten Texten heißt es zur Taufe Jesu, dass *„er den Drachen in der Tiefe den Kopf zertreten hat",*[35] wiederum ein Hinweis dafür, wie sehr die frühe Kirche davon überzeugt war, dass Jesus vor seinem öffentlichen Auftreten durch Himmel und Hölle gegangen war.

Man darf annehmen, dass er durch die Vision bei der Taufe zuinnerst aufgewühlt und aus der Bahn seiner bisherigen Lebenswelt geworfen wurde. Er wurde hinausgetrieben, nicht nur in eine andere Landschaft, sondern auch in eine völlig neue Erlebniswelt. Er wurde hinauskatapultiert aus dem bisherigen Rahmen der Tradition des Dorfes, des Volkes und dessen religiöser Führer. Nicht umsonst hatte er eine ganz

---

[35] Vgl. Jean Danielou, Liturgie und Bibel, München 1963, 63, dazu werden zitiert: Cyrill von Jerusalem PG 33, S. 1060 - 1069 und das griechische Weihegebet des Taufwassers

andere Auffassung vom Sabbat und von der Frömmigkeit. In seiner Heimat, wird er nicht verstanden, sogar tödlich bedroht. (Vgl. Lk 4, 16-30). Wer von Gott in dieser Wucht berührt wird, dem wird ein ganz persönliches Schicksal auferlegt, das ihn seiner Umgebung entfremdet. Der Aufenthalt in der Wüste bei den wilden Tieren, die Versuchungsgeschichten, die Auseinandersetzungen mit dem Teufel können nur andeuten, dass Jesus selbst zu den Leidenden gehörte, die ihm begegneten.

In diesem Sinn war Jesus ein Ausgestoßener, noch bevor ihn der Hohe Rat verurteilte. Er wusste, was es heißt, unverstanden, aussätzig, d.h. ausgesetzt, draußen und von den Dämonen der Dunkelheit, Einsamkeit, Angst und Zweifel bedroht zu sein. Der innere Aufbruch ist ein Bruch, der Wunden zurück lässt, aber auf einer tieferen Ebene neue, intensivste Verbundenheit schafft.

6
Es öffnet sich auch die Hölle

Jesus war ein verwundeter Heiler schon lange, bevor ihn römische Soldaten folterten, sogar noch bevor er an die Öffentlichkeit trat. Dem Bericht, dass sich bei seiner Taufe *der Himmel* (Mk 1,10*) öffnete*, darf man hinzufügen: auch die Hölle. Denn wer vom Teufel persönlich geplagt wird, für den tun sich nicht nur die Verlockungen des Lebens, sondern auch die Schrecken der Hölle auf.

Mit Himmel und Hölle sind intensivste Erfahrungen der Nähe und der Ferne Gottes gemeint, wie sie uns auch von großen Mystikern überliefert sind. Der heilige Ignatius erlebte beides in einer solch verwirrenden Fülle, dass er Kriterien zur Unterscheidung der Geister entwarf. Wer einen Menschen in seinem Prozess begleitet, muss deshalb über Umsicht und Durchblick verfügen, dass er in der Enge der Beziehung

nicht in jedes Loch mit hinein tappt; dass er nicht von Gefühlen, die den anderen in Beschlag genommen haben, angesteckt und ebenso überwältigt wird; er muss den dargebotenen Konflikt, biblisch gesprochen den Dämon, in sich schon überwunden haben.
Die Evangelien lassen keinen Zweifel daran, dass dies auf Jesus zutrifft. Das wesentliche Kennzeichen seiner Persönlichkeit ist eine alles überragende Kraft und Überlegenheit. Besonders Markus schildert ihn als den, der die Dämonen herausfordert und ihnen überlegen ist (Vgl. Mk 1, 21-28; Mk 3, 22-30).
Dazu gehört das Gleichnis vom Hausherrn und Einbrecher. Wenn der Wächter trotz seiner Rüstung überwältigt wird, zeigt sich, dass der Räuber doch der Stärkere ist. In diesem Bild befindet sich Jesus in der Rolle des Räubers, der dem Dämon, welcher bisher das Haus der Seele beherrscht hatte, die Macht nimmt und sich als Sieger erweist. Dies sollten seine Gegner anerkennen (Vgl. Mt 12,29; Mk 3,27, Lk 11, 21-22).

7
Kann Leiden erlösen?

Kritisch Denkende können die Botschaft von der Erlösung durch das Leiden Christi nicht mehr so einfach hinnehmen. Ihre Einwände drücken sich in folgenden Fragen aus: Was soll der grausame Tod eines Mannes vor 2000 Jahren mit mir zu tun haben? Wieso soll sein Leiden mich erlösen? Wie kann mir der Opfertod Christi zur Lebenskraft und Lebensfreude werden? Wie kann es sein, dass Gott, der Vater, der die Liebe selbst ist, die Grausamkeit an seinem Sohn gewollt hat?
Bei einer Fernsehdiskussion bekannte ein Mann, er sei deshalb aus der Kirche ausgetreten, weil ihm zu diesen Fragen von Seiten der kirchlichen Vertreter keine Antwort gegeben wurde.

Erfahrungen aus der therapeutischen Praxis können weiterhelfen:
Wenn der verzweifelte, trauernde Mensch an den tief liegenden Schmerz herankommt und ihn in der mitfühlenden Nähe des Begleiters ausspricht, tritt eine Wende im Befinden ein. Erst das Durchleiden des Schmerzes bringt ihn zum Grunde, in die Mitte seines Wesens. Er wird ruhiger, gefasster, echter, wesentlicher, empfindet Trost und Frieden und kann sich auch mit einem schweren Schicksal, dem Tod eines geliebten Menschen, einer Trennung oder einer Krankheit aussöhnen. Der bewusst zugelassene Schmerz befreit, während der verborgene, abgeschirmte die Bedrückung, die Unzufriedenheit und Zerrissenheit ständig nährt. Das Durchleiden des Schmerzes ist die große existenzielle Herausforderung und auch der große existenzielle Gewinn. Es ist der Anstoß für die weitere Entwicklung der Persönlichkeit. *„Aus dem Leiden der Seele geht jede geistige Schöpfung hervor“,*[36] sagt Jung auf dem Hintergrund seiner langjährigen Praxis und der eigenen Lebensgeschichte. Wer meint, man müsse das Leiden absichtlich suchen und dürfe sich keine Freude gönnen, um so das Wort Jesu von der Nachfolge, von der Selbstverleugnung und vom Kreuz-Tragen zu erfüllen, unterliegt einem Missverständnis. Vielmehr geht es darum, der Wahrheit, die bisher vermieden wurde, ins Auge zu schauen und an sich heranzulassen. Dies bringt den Fortschritt und den heilenden Effekt, was im therapeutischen Gespräch immer wieder bestätigt wird. Wir müssen uns das Leben nicht noch schwerer machen, als es schon ist.
Auf diesem Hintergrund können wir versuchen, den Weg Jesu zu verstehen.
Jesus verkündet das Reich Gottes (Vgl. Mk 1,15). Dieses ist zugleich in ihm. Sein tiefstes Wesen ist Gott selbst. Weil *„Gott anders ist“*[37] ist auch er radikal anders, steht er gegen die Meinung der Zeit. Weil er die

---

[36] C.G. Jung, Zur Psychologie westlicher und östlicher Religionen, GWBd 11, S.358
[37] John A. T. Robinson, (John Arthur Thomas Robinson); * Gott ist anders, München 1963

Wahrheit darstellt in dem, was er sagt, und in dem, wie er ist, passt er in kein Klischee, nicht einmal in das eines Gottesmannes und religiösen Führers. Er gerät in den Zusammenprall der Gegensätze. Symbol dafür ist das Kreuz. Es stellt den Schnittpunkt der Linien dar, die menschliche Existenz ausmachen. Da ist einmal die Tiefe der Ergriffenheit und der Hingabe an Gott. Es die vertikale Ebene. Dann ist die horizontale Linie, welche das Verhältnis von Mensch zu Mensch und dessen Einbürgerung in diese Welt ausdrückt.

Jesus lebt ganz die vertikale Linie, aber als Mensch auch voll die horizontale. So gerät er in den Kreuzungspunkt der Linien. Dieser Punkt ist sein tiefstes Wesen. Es ist zugleich der *„Wille des Vaters"* (Lk 22,42).

Das bedeutet:

Weil Jesus voll und ganz Mensch ist, wird er von seinem Ureigensten, welches zugleich Gott ist, in die Mitte der Auseinandersetzungen getrieben. Er muss nach Jerusalem gehen, sich der Öffentlichkeit, den Vertretern seines Volkes und der Besatzungsmacht stellen. Sein grausamer Tod folgt aus der Entfremdung der Menschen von der transzendenten Wirklichkeit, theologisch gesprochen: er ist Ergebnis der Sünde.

Noch einmal: Der Wille des Vaters ist nicht die Grausamkeit an seinem Sohn, sondern dass dieser zur Wahrheit seines Lebens steht. Darin besteht sein Opfer, das Heilende und Rettende, nicht im Leiden als solches.

Eine Parallele dürfen wir in der Entscheidung Dietrich Bonhoeffers sehen, im Jahr 1939 aus dem sicheren New York nach Deutschland zurückzukehren und sich so in den Brennpunkt des Geschehens zu begeben. Er hat - wie Jesus und viele andere - seinen Einsatz für Würde und Freiheit, den er als von Gott gegeben sah, mit seinem Leben bezahlt.

8

Kann man für andere leiden?

Damit ist noch nicht die Frage beantwortet, warum das Leiden Jesu erlösen soll. Wie soll uns das Leiden Jesu zugutekommen? Wir bekennen ja: Er hat für uns gelitten, er ist für uns gestorben. Hier kann wieder der heilende Umgang mit leidenden Menschen weiterhelfen. Nur wer selbst schmerzvolle Prozesse durchgestanden hat, kann verständnisvoll und hilfreich auf Menschen in seelischer Not eingehen. Nur so kann er eine Atmosphäre schaffen, in der schmerzliche und immer noch beängstigende Erlebnisse zugelassen und aufgefangen werden und einen Raum des wohltuenden Angenommen seins finden. Psychotherapie greift nicht, noch weniger Seelsorge, wenn man sie als angelernte Technik versteht. Jeder Therapeut, Erzieher, Priester und Seelsorger ist sein eigenes Instrument. Was er selbst in seiner Lebensgeschichte zu seiner eigenen Reifung durch gelitten hat und daran gewachsen ist, kommt denen zugute, mit denen er es zu tun hat. Erst der *verwundete Heiler* kann wirksam sein für die Leidenden.

Übertragen wir nun das Gesagte auf die Erlösung durch das Todesleiden Jesu. Weil Jesus durch seinen Tod auf die andere Seite der Wirklichkeit gegangen ist, weil er eins geworden ist mit Gott, dem letzten Urgrund, hat er als wirkendes Inbild, als innere Dynamik, als Erlebnisfaktor die Macht, allen Menschen diesen Raum zu öffnen. Immer dann, wenn sein Name gläubig ausgesprochen wird, geschieht dies. In dem Bericht des russischen Pilgers heißt es: „*Das Herzensgebet erfüllte mich mit solcher Wonne, dass ich nicht glaubte, es könne jemanden auf der Welt geben, der glücklicher wäre als ich*".[38]

Die Kraft Jesu, die dies ermöglicht, kommt aus dem Prozess des

---

[38] E. Jungclaussen (Hg.) Aufrichtige Erzählungen eines russischen Pilgers, Freiburg 1976, S.115

Leidens und Ringens und der Hingabe an die eigenste Mitte. Ein Mensch, der für seine Überzeugung, ob sie nun politisch oder religiös ist, gelitten hat, gilt als glaubwürdig. Er strahlt die Kraft der Überzeugung aus. Das Kreuz bewusst bejahen bedeutet demnach, in die Mitte seiner Existenz treten und deren Wandlung erfahren. Von Christus wird uns hier ein Raum geöffnet, der stärker ist als jeder Druck von außen, jede Angst und Dunkelheit, stärker als die Macht der Triebe und der erworbenen Mechanismen.

9
Heil ist Ganzheit

Die gängige Medizin kümmert sich um die Beseitigung des Symptoms mit äußeren Mitteln. Jesus wirkt durch persönliche Begegnung mit dem Leidenden; dies geschieht nicht, ohne dass sich der Leidende voll und ganz öffnet und sich auf das Geschehen einlässt. Damit vollzieht sich eine Änderung der Grundeinstellung: aus Verzweiflung wird Hoffnung, aus Einsamkeit Nähe und Gemeinsamkeit, aus dem Gefühl des Mangels und der Minderwertigkeit Fülle und Freude, aus Angst und Sinnlosigkeit Vertrauen und Zuversicht. Es ist eine Heilung nicht nur eines Organs, sondern der ganzen Person auf der Ebene, auf der sich Psychologie und Psychotherapie bemühen, wie auf der Ebene des Spirituellen und der Beziehung zur Transzendenz. Wir könnten auch sagen: Heilung von der *Wurzel der Existenz* her; es ist sogar noch mehr, als wenn sich zwei Menschen bis in die letzte Tiefe einander zuwenden und sich berührt und angenommen fühlen. Das heißt: Jesus hat nicht nur *Heilung*, sondern *Heil* gebracht. Das deutsche Wort *Heil* ist mit dem englischen *whole* griechischen *holos* verwandt. Beides heißt *ganz*. Das häufig gebrauchte Wort *Ganzheit* kommt dem nahe, was einmal mit *Heil* bezeichnet wurde.

Ganzheit meint, dass kein Teil unseres Wesens, das wir sind als Leib, als Seele, als Geist, ausgeschlossen wird und damit auch nicht die Probleme, die wir miteinander und mit dieser Welt haben. Dazu gehört der emotionale wie der geistige und spirituelle Bereich, alles, was unser Menschsein ausmacht, unser Glück ebenso wie Krankheit, Leid und Tod.

Statt Ganzheit könnte man auch sagen: *erfüllte Sehnsucht.* Die Suche nach dem Gegenüber, einem Nicht-Ich, das die *Leerstelle* in einem ausfüllt, ist angekommen. Das bedeutet aus der *Fülle* die Dinge wahrzunehmen, zu beurteilen, zu entscheiden, zu handeln. Dann kann man auch einen Verzicht leisten, ohne sich zu schädigen. Verstand und Gefühl finden zu einem harmonischen Verhältnis. Damit ergibt sich auch die gute, bejahende Beziehung zu den Menschen und zum gesamten Kosmos, zu dieser Erde und zum Himmel, zur Wirklichkeit im Hier und Jetzt und zur Transzendenz, zu Gott. Spirituelle Erfahrung kann sich durchaus mit kritischem Denken verbinden, sogar herausfordern.

Gemeint sind Personen mit Ausstrahlung, die doch einen kühlen Verstand besitzen, noch mehr aber das Gespür für das Richtige. Dies hat am eindrucksvollsten Jesus selbst gezeigt. Seine Kritik am religiösen Tun und Denken seiner Zeit folgt aus seiner unverstellten, unmittelbaren Gottesnähe. Diese ist auch der Grund, auf dem eine neue Weise der Begegnung möglich wird. Im Glauben, das heißt in der Tiefe ihres Wesens, berühren sich seine Jünger, ohne einander festzuhalten und unter Druck zu setzen.

Das Gesagte kann man im *Sonnengesang* des *hl. Franziskus* sehr gut nachvollziehen. Er ist Gott nahe, den Elementen und den Menschen. Er hat keine Angst mehr vor dem Tod. In allem ist er ganz er selbst. Deshalb kann er unbegrenzt und ohne äußeren Anlass jubeln. Die Freude, aus der heraus er dichtet und singt, kommt aus dem göttlichen Funken in ihm selbst. Zugleich ist er in der Mitte der Welt, von wo aus er alle Wesen berührt. Er spürt, dass er hier zu Hause ist.

Religion und Gesundheit

1

Religiöse Menschen sind gesünder

Wenn so viel von Glaube und Heilung die Rede ist, dann interessiert, was der Glaube zur Gesundheit beiträgt.
Es sprechen viele Beobachtungen für die Aussage: *Spirituelle Menschen sind gesünder und leben länger. Glaube schenkt ein hohes und erfülltes Alter.* Dafür können wir große Meister der Spiritualität unserer Zeit anführen.

Als erster sei der in den Zen-Kreisen bekannte, 1990 verstorbene *Jesuitenpater Hugo Makibi Enomya Lasalle* genannt. Er war am 6.August 1945 in Hiroshima, als die Atombombe fiel. Das Haus, in dem er lebte, war von der Explosion zerstört worden. Er befand sich zwar nicht im Zentrum, aber doch im Strahlenbereich. Nach medizinischem Ermessen hätte er nicht mehr lange zu leben gehabt. Er hat aber noch im 90. Lebensjahr Vorträge gehalten und starb, kurz bevor er es vollendet hatte. Lassalle ging als Missionar nach Japan, um dort den christlichen Glauben zu verkünden, lernte dort die japanische Kultur und vor allem den Zen-Buddhismus kennen und entdeckte diese Form des spirituellen Lebens als große Bereicherung für den eigenen Glauben, das heißt für das europäische Christentum. Er hatte die große *Erleuchtung* und empfand sich gerade durch die Begegnung mit dem Zen als tief gläubiger Christ. Unerklärlich ist seine Immunisierung gegen die tödlichen Strahlungen, außer man nimmt zur Kenntnis, dass es eine Lebenskraft jenseits der physikalischen und biologischen Vorgänge gibt. Er schreibt die schützende Wirkung und unter anderem auch, dass er sich bei minus zehn Grad ohne Handschuhe auf dem Motorrad nicht die Finger erfror, seinem *Erleuchtungserlebnis* zu.

Ein anderer großer Meister der westlich-östlichen Spiritualität ist *Karlfried Graf Dürckheim.* Auch er war während des Krieges in Japan und versuchte danach, in Todtmoos-Rütte im Schwarzwald suchenden Menschen auf der Grundlage der Tiefenpsychologie und der fernöstlichen spirituellen Wege neue Möglichkeiten der Transzendenzerfahrung zu erschließen. Er nannte seine „*Methode*", was nichts anderes als Weg heißt, *initiatische Leibtherapie*. Damit stellte er eine in anderen Religionen und Kulturen selbstverständliche, im Christentum aber verloren gegangene Weisheit in den Mittelpunkt seines Bemühens. Sie heißt: *Das Religiöse geht über den Leib*. Die Erfahrung von Transzendenz ist davon abhängig, wie ich in meinem Leib bin. Der Leib soll *transparent für Transzendenz* werden. Dies ist das Ziel seiner *Leibtherapie* im Gegensatz zu der sonst üblichen *pragmatischen* Therapie, welche soziales Handeln, Genuss- und Arbeitsfähigkeit anstrebt. Dürckheim unterscheidet zwischen dem *Leib, den ich habe* und *dem Leib, der ich bin*. Die Wiederentdeckung des Leibes als Organ religiöser Erfahrung ist der Schlüssel für die *Neubelebung der Religion in einer religionslosen Zeit*. Im Grunde ist es die Antwort auf die Frage: *Wie werden Menschen wieder religiös?* Zugleich wird uns damit der entscheidende Hinweis auf die Zusammenhänge von spirituellem Leben und Gesundheit geliefert. Dürckheim selbst hat noch im hohen Alter Vorträge gehalten und starb 1988 mit 92 Jahren.

Ein weiterer Zeuge eines gelungenen, spirituell geprägten Lebens ist der französische Schriftsteller *Marcel Légaut*. Als Mathematikprofessor gab er sein Leben an der Universität und in der Großstadt auf und vertauschte es mit dem Leben eines Bauern in den französischen Alpen. Er suchte den Kontakt mit der Erde, mit den Tieren und Pflanzen im Rhyth-

mus des Jahres. Bis zu seinem Tod im Alter von 90 besaß er eine gewaltige Ausstrahlung, hat durch seine Vorträge und Bücher eine große Zahl von Interessierten inspiriert und ihnen den Zugang zum spirituellen Leben erschlossen. Er starb auf der Heimkehr von einer Vortragsreise. Seinen für andere kaum nachvollziehbaren Schritt vom Professor zum einfachen Bauern tat er aus der inneren Konsequenz eines Lebensentwurfs, der auf Innenerfahrung und Echtheit aufgebaut ist. Er kann als Beispiel dafür gelten, dass die Einheit von kritischem Denken, spiritueller Erfahrung und äußerer Lebensgestaltung das Alter reich und erfüllt macht, sogar die Grundlage für die Gesundheit ist.
Nicht zuletzt sei noch die verstorbene Äbtissin des Klosters Helfta *Assumpta Schenkl* erwähnt. Die Niederlassung der Zisterzienserinnen beherbergte im dreizehnten Jahrhundert eine blühende Mystik, war vierhundert Jahre verlassen und wurde unter ihrer Führung neu errichtet. Die Ordensfrau beeindruckte nicht nur Kirchentreue, sondern auch die Bewohner der Umgebung, die im sozialistischen Staat religionslos geworden waren. In den wenigen Jahren, seitdem sie dort war, hat sie sich große Achtung und Anerkennung, vor allem viel Vertrauen und Zuneigung bei der Bevölkerung erworben. Dabei war sie 75, als sie von Seligental/Landshut mit sieben Schwestern aufgebrochen war.
Man darf eine außergewöhnliche Kraft vermuten, wenn jemand in diesem Alter noch so etwas vermag. Ohne die Echtheit und Tiefe ihres spirituellen Lebens, ihres Glaubens und ihres Menschseins wäre eine solche Frau nicht zu verstehen.

Aus den angeführten Berichten scheint sich nun mit Gewissheit zu ergeben, dass gelebter Glaube und religiöses Leben gut für die Gesundheit sind und ein hohes Alter mit ein schließen. Für Kritische mögen die geschilderten Personen nicht ausreichen. Es könnten auch andere

Ursachen die Rüstigkeit und Gesundheit im Alter verursacht haben, so die Vererbung oder eine sonst übliche gesunde Lebensweise, die auch bei nicht-religiösen Menschen anzutreffen sind. Zudem sagen ein paar Beispiele nicht viel, es müsste eine größere Schar von religiös praktizierenden Menschen sein, die im Vergleich zur allgemeinen Lebenserwartung ein höheres Alter erreichen.

Es gibt tatsächlich gesicherte Untersuchungen, dass religiöse Menschen mit den Grenzen des Menschseins, mit Schicksalsschlägen, mit Krankheit, Alter und Behinderung besser umgehen als nicht religiöse. Es wurden auch Studien in amerikanischen Krankenhäusern durchgeführt, die beweisen, dass *beten* zur Heilung beiträgt, dass Menschen mit festem Glauben, für die gebetet wird, eine größere Heilungschance haben. In der Fachzeitschrift *Psychologie heute* konnte man lesen:

„Wer an einen gütigen Gott oder eine andere positive transzendente Kraft oder auch „nur" an einen tieferen Sinn des Lebens glaubt, bewältigt Lebenskrisen, Stress und psychosoziale Konflikte leichter".[39]

Im Einzelnen werden folgende Wirkungen herausgestellt:

Glauben wirkt präventiv:

Glauben beeinflusst den Lebensstil im Sinne von *gesünderen Gewohnheiten*. Glaubende konsumieren weniger Alkohol, Zigaretten und andere Drogen als Nichtgläubige und sind entsprechend weniger durch Sucht oder andere negative Folgen dieses Konsums gefährdet. Sie sind deshalb weniger anfällig für stressbedingte und psychosomatische Krankheiten.

Glauben begünstigt die Genesung:

Ein Glaubender hat, falls er dennoch einmal erkrankt, mehr Vertrauen in den Heilungsprozess und fördert ihn so.

Ein Glaubender hat einen besseren Tod:

---

[39] *Psychologie heute* 2004 S. 68, Weinheim

Er kann das Sterben leichter akzeptieren und erlebt die letzte Lebensphase weniger angstvoll und verzweifelt.

Nach Studien des klinischen Psychologen David Larson vom *National Institute for Healthcare Research* (Rockville, Marvland, USA) wirkt sich Religiosität in 84 Prozent der Fälle positiv aus, in 13 Prozent neutral, und nur bei 3 Prozent erwies sich Gläubigkeit als gesundheitsabträglich. Es wird bestätigt, dass die Gläubigen weitaus weniger Drogen und Alkohol als die Nichtgläubigen nehmen. Sie begehen weniger Selbstmorde, haben eine niedrigere Scheidungsquote, und - vielleicht überraschend - sie haben besseren Sex.

Beten entspannt:

Interessant sind auch die Untersuchungen zum Thema *Beten*. In Deutschland ist die Praxis zwar gering, das Verlangen danach aber paradoxerweise groß. Wie das Institut für Demoskopie Allensbach ermittelte, haben 74,2 Prozent der West- und 64,7 Prozent der Ostdeutschen *„manchmal das Bedürfnis nach Augenblicken der Ruhe, des Gebets, der inneren Einkehr oder etwas Ähnlichem“.*[40]

In den Vereinigten Staaten scheint die Anrufung Gottes sogar wieder in Mode zu kommen. Nach Meinungsumfragen beten mehr als drei Viertel der Amerikaner mindestens einmal die Woche, mehr als die Hälfte sucht täglich das Gespräch mit Gott. Sogar unter den Menschen, die sich selbst als „Atheisten“ einschätzen, betet immerhin einer von fünf jeden Tag. Jeder Zweite der heute 34- bis 49jährigen in den USA hat zum täglichen Gebet zurückgefunden. Bei den Nachfolgegenerationen scheinen die Betenden sogar wieder zu überwiegen.

Aber nicht die Häufigkeit des Betens scheint den Betenden selbst am wichtigsten zu sein, sondern dessen Qualität, wie die Soziologin Marga-

---

[40]Allensbacher Institut für Demoskopie, Umfrage 7060 vom 26.08.2004 Halbgruppe A, Frage 59

ret M. Poloma ermittelte. *Innerer Frieden, Nähe zu Gott und das Gefühl, von diesem geführt zu werden*, sind demnach Kriterien, die ein „*wohltuendes*" Gebet ausmachen. Befragte, die auf diese Weise beten, sind laut Poloma *politisch aktiv, zufrieden mit ihrem Leben und können leicht verzeihen*. Die meisten Amerikaner beten, weil es ihnen *Freude* bereitet. 32 Prozent wollen während der Anrufung Gottes mystische Erfahrungen gemacht haben. Nur wer „loslassen" und sein Schicksal vertrauensvoll in die Hand Gottes (oder einer anderen höheren Macht) legen kann, profitiert von der gesundheitsfördernden Kraft des Glaubens. Typisch für diese Haltung sind Gebete des Typs *„Dein Wille geschehe"*. Dagegen zeitigt ein „berechnender", auf äußere Motive begründeter und auf Wirkung kalkulierter Glaube keine positiven Gesundheitseffekte.

Der an der Harvard Universität/Cambridge (USA) tätige Kardiologe Herbert Benson hebt den *Entspannungseffekt* regelmäßiger Versenkung im Gebet hervor. Indem transzendental Meditierende ruhig dasitzen und ein Wort oder einen Gedankeninhalt ständig wiederholen, lösen sie laut Benson einen physiologischen *Entspannungsreflex* aus: *„Der Stoffwechsel wird herabgesetzt, Herzschlag und Blutdruck sinken, Stress wird abgebaut"*.[41]

Demnach gibt es unübersehbar positive Zusammenhänge zwischen bestimmten Formen von Religiosität und leib-seelischer Gesundheit.

Heiko Ernst fasst die Ergebnisse so zusammen:

„Die wohltuende Wirkung des Glaubens beruht mit hoher Wahrscheinlichkeit auf der Kombination von sozialer Unterstützung, Lebenssinn, dem Gefühl, mit einer höheren Macht verbunden zu sein, und stressreduzierenden Gebets- und Meditationspraktiken".[42]

---

[41] ebenda

[42] ebenda

2

Heilige waren krank und starben früh

Die gesundheitsfördernde Wirkung des Religiösen darf nicht überschätzt werden.

Aus dem Bekanntenkreis kennt jeder Menschen, die verhältnismäßig früh starben und das, obwohl sie sehr gläubig waren. Der Krebs verschont auch junge Menschen nicht. Am meisten sollte aber zu denken geben, dass viele Heilige, sogar die allermeisten, keineswegs ein hohes Alter erreichten und oft sogar zeitlebens krank waren.

Der heilige Franziskus, der auch heute noch durch die Lauterkeit seines Glaubens Menschen aus allen Ländern und Religionen anzieht, starb bereits mit 46, seine von ihm inspirierte Gefährtin in der Nachfolge Christi, die heilige Klara war 29 Jahre ans Bett gefesselt. Ihre Lebensweise war nach dem Bericht von Thomas von Celano so hart, dass dies nicht verwunderlich ist. Lange Zeit schlief sie auf dem blanken Boden. Sie fastete dreimal in der Woche und nahm an den übrigen Tagen auch nur eine karge Nahrung zu sich, von der sie eigentlich gar nicht hätte leben können. Aus heutiger Sicht würde man sagen, dass die strenge Lebensweise Klaras Kräfte verzehrte und die Lebenskraft ihres Körpers schwächte. Franziskus hat seinen Leib *Bruder Esel* genannt und schlecht behandelt. Das allzu viele Fasten und die harte Lebensweise - er schlief meist auf dem Boden und hielt sich in feuchten Höhlen auf - dürften ihn anfällig für Krankheiten gemacht haben. In der Behandlung des eigenen Leibes hat er seinen Brüdern kein gutes Beispiel gegeben. Er tat selbst nicht das, was er ihnen aufgetragen hatte.

Für uns ist die Selbstkasteiung der mittelalterlichen Heiligen kaum verständlich.

Die heilige Bernadette Soubirou, die Seherin von Lourdes, hatte ebenfalls nur ein sehr kurzes und von Schmerzen heimgesuchtes Leben. Mit 35 erlag sie der Knochentuberkulose. Das Letzte von ihr waren Angst- und Schmerzensschreie. Als die Krankheit nicht mehr zu heilen war, sah sie diese als ihre Aufgabe.
Man könnte auch noch die heilige Theresia von Lisieux anführen, die ebenfalls mit 24 von der Lungentuberkulose weggerafft wurde.
Bei den angeführten Heiligen kann ein kritischer Beobachter die Frage stellen: Waren sie krank, *obwohl* oder *weil* sie ein religiöses Leben in aller Radikalität führten? Oder wurden sie heilig, weil sie krank waren? Der Zusammenhang ist wesentlich komplexer als manche Veröffentlichungen den Anschein erregen. Dabei darf nicht außer Acht gelassen werden, dass die Lebenserwartung in der Zeit, aus welcher die angeführten Personen stammen, entschieden niedriger war als die von heute.

3
Erwachen zum Leib, der ich bin

Das religiöse Leben kann einerseits ein mühsames, von der Erziehung übernommenes und vom Brauchtum geprägtes Tun sein, es kann aber auch zur Leidenschaft werden, die das gesamte Denken in Anspruch nimmt, sogar den bisherigen Denkrahmen sprengt. Es ist die Art des Religiösen, die durch überzeugende Gestalten wie Lassalle, Dürckheim, Légaut, Äbtissin Assumpta vertreten wird. Sie ist gekennzeichnet durch ein *existentielles Erwachen.* Es ist meist durch eine Krise und durch ein einschneidendes Erlebnis ausgelöst, es kann aber ganz langsam, meist in der Lebensmitte eine neue Einsicht über den Sinn des eigenen Lebens aufsteigen.

Kennzeichen ist *eine tiefe Betroffenheit, ein Engagiert sein von innen her*. Man braucht Zeit und Ruhe für sich, äußere Ablenkungen werden als störend empfunden. Man hat andere Bedürfnisse, man sucht nach spiritueller Literatur, ganz gleich aus welcher Ecke sie kommt.

In der alten kirchlichen Sprache hieß ein solcher Prozess Umkehr. Dürckheim spricht von *Initiation*, von *Seinsfühlung*, vom Kontakt mit dem *Wesens-Ich*, C. G. Jung von *Individuation,* vom Erwachen des *Selbst,* des Bildes Gottes im Menschen. Wichtig ist zu bemerken, dass diese Erfahrung den Vorrang hat vor allen anderen Gefühlen, dass andere Interessen, die bisher vorrangig waren, unbedeutend werden, dass man sehr viel Zeit, Mühen und auch Geld investiert, um auf dem Weg, den man als wertvoll und erfüllend entdeckt hat, voranzukommen. Zu denken ist an die Pilger, die sich auf den Weg nach Santiago de Compostela machen, auch an die spirituell Engagierten, welche die strenge Form der Meditation des Za-Zen üben.

Kennzeichnend für diese Form des religiösen Aufbruchs ist, dass sie *über den Leib geht*, dass im Sinne von Dürckheim der Leib *transparent für Transzendenz* wird, dass ein neues Leibgefühl, besser gesagt ein *Leibgewissen* entsteht, damit auch ein neues Lebensgefühl. Es ist die Erfahrung der Ganzheit, der Personmitte, des Punktes in uns, der tiefer und uns näher ist als alle anderen Impulse und Strebungen und der Leib, Seele, Geist als Einheit begreifen lässt. Weil der Leib auch der Sitz der Gefühle ist, verändern sich die Gefühle wie von selbst. Dahinter steht eine Kraft, die aus der Mitte der Welt im eigenen Selbst kommt, eine Anziehung, die von sich aus die Harmonie der Dinge, der Menschen und der Schöpfung will. Deshalb kommen sich Personen, die von demselben Impuls der Mitte ergriffen sind, sehr bald nahe. Es sind die Mystiker der verschiedensten Religionen, die leicht zueinander finden.

Nun interessiert diese Form des religiösen Aufbruchs in ihrem Verhältnis zur Gesundheit. Wer den Zugang zu einem spirituellen Leben über den Leib gefunden und sich in voller Bewusstheit dafür entschieden hat, dem sagt auch der Leib, was für ihn richtig ist, nicht nur beim Essen und Trinken. Auf das Falsche und das Übermäßige reagiert ein solcher Leib sofort oder zumindest einige Stunden nachher, ebenso auf Überforderung und Überanstrengung. Noch mehr zeigen Körpersignale die Atmosphäre in einem Gespräch, in der Nähe eines Menschen oder in einer Gruppe, bei einer Lektüre, einem Film, bei einer Musik, in einer Veranstaltung an. Sie entscheidet, ob man *wieder aufatmen* kann oder ob es einem den *Hals zuschnürt*, ob einem *das Essen schmeckt* oder ob einem *der Appetit* vergeht.

In diesem Zusammenhang ist auch das *Fasten* zu nennen. Während man in der Kirche ziemlich alle Fastengebote abgeschafft hat, wurde das Fasten als *gesundheitlicher und als spiritueller Wert* außerhalb der Kirche neu entdeckt. In deren Raum, speziell in den Orden ging die Erkenntnis verloren, dass die volle Enthaltung von Speisen, wenn sie richtig verstanden und durchgeführt wird, eine *intensive spirituelle Erfahrung* bewirkt. Mit dem Leib wird der ganze Mensch für das Religiöse geöffnet. Das Beten tut einem gut und geht wie von selbst. Die Worte der Liturgie und der Hl. Schrift kommen einem vor, als ob man sie zum ersten Mal hören würde. Das Fasten schärft zugleich die innere Wahrnehmung, das *Leibgewissen*. Ein spiritueller Weg, der die volle Tiefe der Existenz erfasst, lässt keinen Raum mehr für oberflächliche Bedürfnisse wie Rauchen und das ständige Einnehmen von Süßigkeiten. Die konsequente innere Ausrichtung macht diese Dinge überflüssig. Wer zuinnerst erfüllt ist, braucht sich nicht noch zusätzlich voll stopfen oder sich in einen künstlichen Erregungszustand versetzen. Für Menschen, die sich für das spirituelle Leben in einem kontemplativen Orden entschieden haben, kommt noch die *Regelmäßigkeit* des *Tagesablaufs* hinzu. Es gibt geregelte Zeiten des Aufstehens, des Gebets, des Essens, der Arbeit, der Erholung und der Ruhe, die so unter dem Druck des Arbeitslebens nicht zu haben sind. So gesehen müssten Ordensleute die gesündesten Menschen sein. Es gibt sie, und es gibt sie auch nicht. Tatsache ist, dass gerade die, deren Lauterkeit außer Zweifel stand, dem nicht entsprachen, was die Weltgesundheitsorganisation (WHO) als Gesundheit definiert. Nach ihr ist *Gesundheit ein Zustand vollkommenen, körperlichen, seelischen und sozialen Wohlbefindens und nicht allein das Fehlen von Krankheiten und Gebrechen.*

Man kann nicht sagen, dass gerade die großen Gestalten der Kirchengeschichte immer in einem Zustand vollkommenen seelischen und sozialen Wohlbefindens waren. Ein spiritueller Weg bringt, wie schon angedeutet, in seinem vollen Ausmaß Krisen mit sich, Einbrüche, die von der Umwelt trennen, Leiden, die auch körperlich sehr tief greifen. Von einem Lebensentwurf, in dem ein transzendenter Sinn den entscheidenden Stellenwert hat, ist keineswegs *Freiheit von Schmerzen zu erwarten*, wohl aber *Dichte des Erlebens*, *Freiheit von Abhängigkeiten von Menschen und von Dingen*; andererseits entsteht *beglückende Nähe* zu vielen Menschen, ein Verstehen auf existentieller Ebene. Gerade zwischen tief empfindenden Personen entwickeln sich intensive Beziehungen, ohne neue, unlösbare Probleme zu schaffen. Ein Mensch, der von Gott erfüllt ist, muss keine Gefühle unterdrücken und daran krank werden. Der Weg in die eigene Tiefe beginnt nicht mit einer Willensakrobatik, um die Affekte in den Griff zu bekommen. Der erste Schritt besteht darin, dass man wach wird für das, was in einem vorgeht, die verschiedenen Emotionen auf sich wirken lässt und dann die Entscheidung trifft.

So war es bei dem jungen Mann, der als der *„verlorene Sohn“* (Lk 15, 11-32) den Bibellesern bekannt ist. Die Überlegung: *„Jeder Knecht daheim am gedeckten Tisch und ich bei den Schweinen“* (Lk 15, 17-19) löste den ausschlaggebenden Impuls zur Heimkehr aus. Auf ähnliche Weise ereignete sich die große Wende beim heiligen Ignatius von Loyola. Es war die Achtsamkeit für das, was ihn froh, erfüllt und zufrieden stimmt, welche die Umkehr herbeiführte. Man muss nicht mit letzter Anstrengung fremden, überhöhten Idealen nachjagen und dazu noch seinen eigenen Verstand beim Meister, bei der Gruppe oder bei den Oberen abliefern. Schon eher darf die Gewissheit wachsen, dass man das ablegen darf, was einem übergestülpt wurde und nicht die eigene Sache ist, dass es vielmehr um das *Ureigenste* geht. Und dies ist etwas so Kostbares, dass man gerne bisher Wichtiges dafür gibt. Wer davon überzeugt ist, dass er nicht nur einer guten und edlen Sache, mehr noch der höchsten Kostbarkeit dient, findet leicht die Freude und die Kraft, auch Schweres auf sich zu nehmen. Dies könnte man sogar als den zentralen Pluspunkt auf dem inneren Weg bezeichnen; denn nichts ist so gut für die Gesundheit als die *Freude.*

4
Heil ohne Heilung

Die Gleichung *Glaube und religiöses Leben ist gleich Gesundheit* geht nicht ganz auf. Es würde nämlich bedeuten, dass das Religiöse doch eine Art Alternativmedizin ist nach dem Motto: Sei religiös und du bleibst gesund! Damit würde der Glaube dem Nützlichkeitsdenken unterworfen, verzweckt und *instrumentalisiert.* Der echte Glaube ist Anbetung und Lobpreis Gottes aus dem Kern der Persönlichkeit, *ein Wert in sich.* Dies hat mit Erfahrung von Sinn zu tun, der innerweltlich nicht begründbar ist.

Es kommt dem nahe, was wir in der christlichen Tradition das „*Heil*" nennen. Damit kann auch dem Verdacht begegnet werden, Franziskus habe etwas „Masochistisches" an sich, wenn er sich selbst totale Entsagung auferlegt und im geduldigen Hinnehmen von Unrecht die vollkommene Freude sieht. Hat er sich selbst gequält, um daran seine Lust zu haben? Dies müsste man als *neurotisch* das heißt als psychisch krank bezeichnen. Eines ist sicher: ein neurotischer Mensch kann nicht so etwas Schönes schaffen wie den Sonnengesang. Es ist eher anzunehmen, dass ihn das harte Leben zu spirituellen Erfahrungen angeregt hat; es wird sogar berichtet, dass die für uns unverständlichen Taten um der Armut und der Nächstenliebe willen - im Winter verschenkte er sogar seinen Mantel, den Aussätzigen wusch er ihre stinkenden Wunden - seinen inneren Jubel verstärkten. Er hat das an sich erfahren und gelebt, was in den Ursprüngen des Christentums als das *Heil* bezeichnet wurde. Franziskus wurde *nicht geheilt*, aber er war im *Heil.* Als ihm der Arzt seinen Tod voraussagt, kann er sprechen: *„Mit Hilfe des göttlichen Geistes bin ich so eines Sinnes mit Gott, dass Tod und Leben mir gleich recht sind....Willkommen mein Bruder Tod"!*[43] Diese Überzeugung überschreitet die Grenze des Menschlichen, den Rahmen dessen, was wir gewöhnlich Gesundheit und Krankheit nennen. Selbst wenn wir ein Lebenskonzept wie Lassalle, Äbtissin Assumpta und Marcel Légaut verwirklichten, hätten wir keine Garantie, dass wir wie sie gesund blieben und im Angesicht des Todes so reden könnten.

Es gibt im menschlichen Dasein Einbrüche, die weder mit medizinischen, noch mit psychologischen Mitteln überwunden werden, die einem vielmehr in den Weg gelegt sind, damit man daran wächst. Ergebnis kann eine umfassendere Persönlichkeit sein, die um den Wert einer

---

[43] Thomas von Celano, zit in: Karrer Otto, Franz von Assisi, Legenden und Laude, Zürich 1986, S.276

unmittelbaren religiösen Erfahrung ebenso um tiefere Einsichten in menschliche Schicksale und Entwicklungen weiß und darin das gesuchte Glück entdeckt. Es werden neue Räume des Erlebens geöffnet, in die auch andere eintreten können. Beim Gedanken an den Tod kommt dem Verfasser der schmerzliche, aber unvergessliche Abschied einer Mutter von vier Kindern in den Sinn. Sie musste mit 45 ihr noch junges Leben hergeben. Die Bekannten und Freunde, die sie in ihrem Todesleiden besuchten und verlegen waren, wie sie trösten sollten, gingen selbst getröstet und beglückt von ihrem Krankenbett weg.

Hier tut sich auch ein Blick in das oft so schwer erscheinende Schicksal mancher Heiliger auf. Noch einmal sei die heilige Klara mit ihrer Krankheit erwähnt. Die in unserer Zeit üblichen Erklärungen einer Magersucht *(anorexia nervosa)* oder einer anderen psychosomatischen Störung greifen insofern nicht, als von ihr eine heilende und ordnende, sogar beglückende Ausstrahlung ausging. Auf ihr Gebet und ihren Einfluss hin wurden schon zu ihren Lebzeiten Menschen geheilt. Ein neurotischer Mensch ist anderen zur Last und nicht zur Freude.

Der Gedanke, dass man für andere leiden kann, klingt heute als Ausdruck eines *schiefen Gottesbildes*. Falsch verstanden wäre es, als würde Gott das Leid eines Menschen als Gegengabe für die Heilung anderer brauchen.

Vielmehr dürfen wir, ausgehend von der beglückenden Begegnung mit Leidenden, die Situation so betrachten: Indem Menschen aufgrund einer tieferen Erfahrung ihr Schicksal annehmen, öffnen sie auch anderen den heilenden Grund der Seele und der Welt. Hier ist die Chance, um in dem oft so sinnlos und absurd scheinenden Leiden einen Sinn zu finden. Andererseits verstellt eine Sicht, bei der nur der Starke und Gesunde, der Erfolg und der Genuss des Augenblicks etwas gelten, den Blick für die Wahrheit, dass Leid, Krankheit, Alter und Tod genauso zum

Menschen gehören wie Jugend, strotzende Gesundheit und überschießende Lebensfreude. *Leben lernen* gelingt aber nur, wenn wir der anderen Seite, die uns eher bedroht als lockt, ins Auge schauen.

Ewige Jugend oder ewiges Leben? Mythos oder Mysterium?

1
Ewige Jugend

Die Botschaft von einer *ewigen Jugend* hört man lieber als die Verheißung vom *ewigen Leben*. Ein Werbeslogan für Anti-Aging-Pillen lautet: *„Jeder Mensch kann in bester Gesundheit und Vitalität bis zu 120 Jahre alt werden"*. Dazu gehören spezielle Trainingsprogramme, Diäten, Vitamine, Hormone und Wellness-Maßnahmen. Es lohnt sich, die Vorstellung von einer *ewigen Jugend* in der alternativen Gesundheitspraxis zu betrachten.

Auf diesem Gebiet gehören *„Die fünf Tibeter"*[44] zum festen Begriff. Gemeint sind Übungen, die ein gesundheitliches und geistiges Wohlbefinden versprechen. In der Einleitung wird die Geschichte eines englischen Obersten erzählt, der in seiner Dienstzeit in Indien von einem buddhistischen Kloster gehört hatte, in dem alte Menschen wieder jung werden. Es hieß in der Sprache der Einheimischen *„die Quelle der Jugend"*. Als er nun als Pensionist seine Zeit recht und schlecht mit alten Erinnerungen verbrachte, stieg in ihm der Gedanke an dieses Kloster immer wieder auf und ließ ihm keine Ruhe mehr. Er entschloss sich, wieder an den Ort seines früheren Einsatzes zurückzukehren und *„die Quelle der Jugend"* aufzusuchen. Für dieses Vorhaben vertraut er sich einem Freund an, der ihn bei der Rückkehr nach einigen Jahren des Aufenthalts an diesem geheimnisvollen Ort zunächst nicht wiedererkennt. Statt des älteren Herrn mit grauem, schütterem Haar und blässlichen Aussehen, als den

---

[44] Peter Kellen, „Die Fünf Tibeter" Das alte Geheimnis aus den Hochtälern des Himalaja lässt Sie Berge versetzen, München 2001

er den ausgedienten Offizier in der Erinnerung hat, sieht er einen Fremden, der sich als seinen Bekannten bezeichnet, der vor einiger Zeit zur *Quelle der Jugend* aufgebrochen war. Er ist um dreißig Jahre jünger, eine große, aufrechte Gestalt, die Gesundheit ausstrahlt, mit dichtem dunklem Haar, nicht der gebeugte, graue alte Herr mit Stock. *„Er sei es wirklich"*, beteuerte der ehemalige Colonel der königlichen Armee und begann von seinen Erfahrungen zu berichten.

Die Geschichte klingt unglaublich, sie widerspricht den Erkenntnissen der modernen Medizin wie der menschlichen Erfahrung, soweit uns bekannt ist. Der kritische Leser hält sie für eine gut erfundene Erzählung, die Lust auf die dargestellten Übungen wecken soll.

Es wird ein geheimer Wunsch angesprochen und eine geheime Verlockung ausgelöst; denn wer möchte nicht so werden wie dieser Oberst und nicht gerne einiges dafür tun?

Bei genauerer Betrachtung erinnert die Erzählung an das Märchen vom *Wasser des Lebens*, an die Vorstellung *vom Jungbrunnen* auf mittelalterlichen Gemälden und in Volksliedern, in den man alt und verschrumpelt eintaucht und aus dem man jugendlich-frisch wieder heraus steigt. Es ist ein *Menschheitstraum* - ein Mythos seit Jahrtausenden, der heute unter dem Namen *„Die Fünf Tibeter"* Gestalt angenommen hat. Was immer man von der Geschichte halten mag, eines ist sicher: *Das Thema übt eine gewaltige Faszination aus.*

Es gibt eine Überfülle von Literatur und Selbsterfahrungskursen dazu. Dabei wird gesagt, es sei unnatürlich, krank zu werden, Ärzte, Krankenhäuser, Psychologen zu benötigen, Angst zu haben vor einem schlimmen Alter, es sei unnatürlich, wenn Beweglichkeit, Leistungskraft und Denkvermögen mit dem Alter abnehmen und wenn wir nur das statistische Durchschnittsalter von 72 bis 82 Jahren erreichen. Normal und natürlich sei vielmehr, ein Leben lang gesund zu sein, für sich selbst sorgen zu können, sich auf ein schönes Alter voller Aktivität, Lebenslust und Weisheit zu freuen und das biologische Alter von mindestens hundert Jahren bei voller körperlicher, geistiger und seelischer Gesundheit zu erreichen.

Der *Mythos* von der ewigen Jugend und alles, was heute dazu an medizinischem und finanziellem Aufwand, an Fitness-Trainings- und Gesundheitspraktiken geschieht, macht wie kaum eine andere Erscheinung unserer Zeit deutlich, wie wirksam ein *Mythos* sein kann.

Die Themen bestätigen die These, dass hier eine Art Gegenwelt zur alltäglichen Wirklichkeit der tristen Erfahrungen des Alltags, des traditionellen Christentums wie der modernen Wissenschaft aufgebaut wird.

2
Ewiges Leben

Andererseits verspricht der christliche Glaube, den die Kirche anbietet, *ewiges Leben*. Dies erregt aber weniger Aufmerksamkeit. Die Vorstellung von einem Leben nach dem Tod ist dem modernen Menschen im Gegensatz zu nicht-europäischen Kulturen und zur Auffassung des Mittelalters fremd. Was nach dem Tod kommt, erscheint Lichtjahre entfernt.

Wenn schon der Tod im Bewusstsein des normalen Mitteleuropäers nicht vorkommt, wie soll da ein Gedanke an das Geschick nach dem Tod Fuß fassen? Zunächst gilt es, das Wort vom *ewigen Leben* etwas genauer zu betrachten.

In der Heiligen Schrift kommt der Begriff am häufigsten beim Evangelisten Johannes vor. Jesus bezeichnet sich als das Brot, das *ewiges Leben* gibt. „*Wer dieses Brot isst, wird ewig leben*“ (Joh 6,59). Bei der

Auferweckung des Lazarus sagt er zu dessen Schwester: *„Wer an mich glaubt, wird leben, auch wenn er stirbt, und jeder, der lebt und an mich glaubt, wird auf ewig nicht sterben"* (Joh 11, 25/26).

Lassen wir einmal Skepsis und Zweifel für einen Moment beiseite und die Sätze ungefiltert auf uns wirken, dann ergibt sich eine Sicht des Daseins von einem nicht mehr zu überbietendem Wert. Stellen wir uns einmal vor, wir seien ein Mensch, der das voll und ganz bejaht. Was alles würde sich in unserem Leben umkehren?

Aber warum haben diese Worte ihre Anziehung verloren?

Man hat der christlichen Verkündigung vorgeworfen, sie würde vom Glück in dieser Welt ablenken und auf das Jenseits vertrösten. Diese Anfrage ist ernsthaft zu prüfen, ohne zugleich etwas von der großen Verheißung Jesu aufzugeben.

Entscheidend ist, wie die Verkündigung seit Jahrhunderten bei den Menschen angekommen ist und welche Auffassung sich über das Leben in dieser Welt und dem Jenseits festgesetzt hat. In der traditionellen Frömmigkeit wird *ewiges Leben* gleichbedeutend mit *„Himmel"* gebraucht. Der gute Christ kommt nach dem Tod in den *Himmel*, ist die verbreitete, wenn auch nicht immer sichere Überzeugung. Man denkt an die Belohnung für ein gerechtes, tugendhaftes Leben, für die Mühen, die man auf sich genommen hat, an eine Art Kompensation für erlittenes Unrecht, an ein paradiesisches Dasein. Der Akzent scheint hier auf dem Gedanken zu liegen, dass erst nach dem Tod die volle und wahre Lebensfreude zugelassen sei, während man sich in dieser Welt zu beherrschen habe und seinen Wünschen und Trieben enge Grenzen setzen müsse. Sehr häufig wird der Streitpunkt, ob es Gott gibt und ob Religion sinnvoll ist, gleichgesetzt mit der Frage, ob es nach dem Tod noch *„etwas gibt"*, ein Jenseits, ein Weiterleben, eine Verantwortung, der man sich stellen müsse. Da man aber solches nicht beweisen kann, lohne sich auch die Beschäftigung mit der Religion nicht. Der Gedanke an den Tod verderbe einem zudem die Lebensfreude und sei Ausdruck einer pessimistischen Weltsicht. Man möchte hier und jetzt leben und zwar möglichst aus dem Vollen schöpfen.

Friedrich Nietzsche hat seine Kritik an diesem Punkt des Christentums in die Worte gefasst: „*Bleibt mir der Erde treu*!“[45] Moderne Medizin ermöglicht zudem eine längere Lebenszeit. Viele Anleitungen der alternativen Gesundheitspraxis zu einem gesünderen und bewussteren Leben sind tatsächlich nützlich, sie geben ein besseres und erfüllteres Lebensgefühl und können das Altern durchaus aufschieben. Das würde heißen: ein jugendliches Dasein, mit dem es sich erträglich leben lässt, ist einem lieber als eine vage Verheißung, die nur Anstrengung kostet.

Zunächst gilt es, zum Begriff „*ewig*“ ein Missverständnis auszuräumen. Die Ewigkeit stellt man sich gewöhnlich als eine unendlich lange, nie aufhörende Zeit vor. Um Kindern die Ewigkeit zu erklären, hat man früher vom Vöglein erzählt, das alle tausend Jahre kommt, um seinen Schnabel am Gipfel eines hohen Berges zu wetzen. Wenn der Berg vom Wetzen des Schnabels abgetragen ist, ist eine Sekunde der Ewigkeit vergangen. Das Bild ist zwar sehr anschaulich, trifft aber nicht den Kern der Aussage. Denn Ewigkeit hat gar keine Sekunde, Ewigkeit ist zeitlos. Es gibt nur ein *immerwährendes Jetzt.*

Es ist die Zeitlosigkeit, die in den Aussagen von Dichtern, Philosophen, Religionsstiftern und Heiligen aufscheint. Deshalb können wir uns auch heute noch nach mehr als zweitausend Jahren von der Weisheit Laotses, des biblischen Kohelets, von den Worten Jesu und vom Sonnengesang des heiligen Franziskus ergreifen und inspirieren lassen.

---

[45] Friedrich Nietzsche, Also sprach Zarathustra, Von der schenkendenTugend,2, Insel - Taschenbuch 1977,S.79 "Bleibt mir der Erde treu, meine Brüder, mit der Macht eurer Tugend! Eure schenkende Liebe und eure Erkenntnis diene dem Sinn der Erde!“

Wir reagieren dabei mit dem Bereich unserer Persönlichkeit, der nicht an der Oberfläche des Bewusstseins, sondern in der *Tiefe unserer Seele* liegt. Wenn wir die Wirkung dieser Aussagen auf uns selbst wahrnehmen, stoßen wir zu einer tieferen Einsicht vor, was wir als beglückend und erfüllend erleben. Wir sind mit einem bisher unbekannten Teil unserer Seele in Kontakt gekommen und zu mehr Gewissheit, wir selbst geworden zu sein, im Hier und Jetzt zu leben. Zugleich fühlen wir uns dem Autor des Textes nahe, spüren seine Gegenwart und überbrücken damit Jahrhunderte, die uns von ihm getrennt haben. Wir tauchen damit ein Stück in die *Zeitlosigkeit* ein.

In diesem Sinn kann das Wort des dänischen Philosophen Sören Kierkegaard verstanden werden, dass jeder Augenblick, den wir als erfüllt und vollendet erleben, *ein Atom der Ewigkeit* ist.[46]

Ewigkeit meint also nicht eine nie unterbrochene Zeit, sondern ist als Qualität der Existenz zu verstehen, als die *Zeitlosigkeit*, in der das Eigentliche unseres Daseins, das *Wahre, Gute und Schöne* des Seins zum Tragen kommt.

Wir dürfen deshalb die Aussage Jesu vom *ewigen Leben* nicht trennen von seinem Wort über die *Fülle des Lebens*. *„Ich aber bin gekommen, damit sie das Leben haben und es in Fülle haben“ (*Joh 10,10). *„Ich bin das Brot des Lebens; wer zu mir kommt, wird nie mehr hungern, und wer an mich glaubt, wird nie mehr Durst haben“ (*Joh 6,35).

Der Glaube an Jesus schließt, richtig verstanden, die *Ewigkeit* und die *Fülle des Lebens* ein. Es ist deshalb im Sinne Jesu, den Blick nicht in die ferne Zukunft, sondern in das *Hier und Jetzt* des Lebens zu lenken und zwar zum Anspruch der *Tiefe, des Urgewissens*, wie es Viktor Frankl nennt. Die *Fülle des Lebens* ist nach einem Traum eines Patienten C. G.

---

[46] „So verstanden ist der Augenblick nicht eigentlich ein Atom der Zeit, sondern ein *Atom der Ewigkeit*.“ (Søren Kierkegaard: Der Begriff Angst), zit. nach Ursula Boelhauv. Lebensphilosophie und Existenzphilosophie - Seite 231 e - 2009 Google Books

Jungs die einzig legitime Quelle der Religion. So heißt es wörtlich: *„Die Religion ist nicht die Steuer, die du bezahlen sollst, um das Bild der Frau entbehren zu können, denn dieses Bild ist unentbehrlich...Kein Ersatz ist die Religion, sondern sie soll als letzte Vollendung zur anderen Tätigkeit der Seele hinzukommen. Aus der Fülle deines Lebens sollst du deine Religion gebären, nur dann wirst du selig sein.“*[47]

Um aus dem Vollen zu schöpfen, braucht es keine Wellness-Kultur, keine gekünstelten Anleitungen zum Genießen, auch nicht die Freiheit der Schrankenlosigkeit, sondern die Bereitschaft, in sein eigenes Leben zu schauen und dafür die Verantwortung zu übernehmen und zwar im Hier und Jetzt, ohne Aufschub, ganz gleich, wie alt man ist. Praktisch öffnet sich hier ein Zugang zum Religiösen. Man muss sich nicht nach Beweisen umschauen, ob es nach dem Tod noch etwas gibt, ob Gott existiert und die Aussagen über ihn stimmen. Man muss sich auch nicht dazu zwingen, Unverständliches und Unvernünftiges hinzunehmen. Der innere Weg öffnet sich dann, wenn ich lerne, mich selbst wahrzunehmen und zu verstehen, mit mir selbst in Kontakt zu kommen und mich mit mir selbst zu konfrontieren.

Gemeint ist, dass ich mich von der anderen Seite meiner Persönlichkeit, die sich in Krisen- und Wendezeiten in einem Gespräch, in einer absoluten Stille, in einem Gedicht oder einer Musik meldet, berühren oder sogar erschüttern lasse.

3
Ziele jenseits der Zeit

Auf den Wandel der Einstellung kommt es an. Damit ist gemeint, ob wir die Dinge, das heißt unser Dasein, nur von außen oder von innen

---

[47] C.G.Jung GW 11, S.38

betrachten. Es gilt, einen Standpunkt zu finden, welcher der ganzen Wahrheit ins Auge schaut und den Erscheinungen des gesamten Lebens gerecht wird.

Es gibt tatsächlich Menschen, denen diese Aufgabe gelungen ist. Es sei noch einmal an den Mathematikprofessor, Bauern, Philosophen und spirituellen Meister *Marcel Légaut* erinnert.

Die Ausstrahlung seiner Persönlichkeit bleibt in dauernder Erinnerung: die Güte in seinem Gesicht, die leuchtenden Augen, die manchmal bei einem Gedanken richtig aufblitzen konnten, die innere Ruhe. Da war nichts von Weltverneinung und düsteren Vorstellungen zu spüren, sondern da war *erfülltes Leben*. Und das, obwohl er auf seine Karriere an der Universität verzichtet, dafür das recht karge Dasein als Bauer in den Alpen gewählt hatte. Man muss sich das einmal vorstellen: er, der in Paris aufgewachsen war, bezog im November 1940 bei Wintereinbruch ein verlassenes Gehöft, das vom nächsten Dorf nur auf einem Bergpfad in zwei Stunden zu erreichen war. Dazu kam, dass der Großstädter keine Ahnung hatte vom ländlichen Leben, vom Umgang mit Kühen, Ziegen und Schafen. Er musste erst lernen, wie man Ochsen einspannt, erzählte er. In den Augen seiner Kollegen war diese Entscheidung völlig unverständlich. Für ihn war es aber der richtige Schritt seiner persönlichen, spirituellen Entwicklung. Sie hat ihn zu der menschlichen und spirituellen Größe geführt, die man bei ihm schätzte.

Kommen wir noch einmal auf Mister Bradford und seine wunderbare Verjüngung zurück. Hier geht es nicht darum, nachzuprüfen, ob sich die Geschichte je so ereignet hat. Daran kann man berechtigte Zweifel haben. Wichtig ist vielmehr, dass eine solche erzählt wird. Alles dreht sich um „*die Quelle der Jugend*“, um jenen geheimnisvollen Ort, wo man wieder um dreißig und mehr Jahre jünger werden kann. Tatsache ist, dass hier bei den Lesern eine verborgene Sehnsucht angesprochen wird, welche die Bereitschaft für eine alternative Gesundheits- und Lebenspraxis wecken soll. Dahinter steht eine Auffassung von jung sein und älter werden, die ungefähr so lautet: Der eigentliche Wert des Lebens liegt so in den dreißiger Jahren. Da ist man *lebendig, beweglich, leistungsfähig, attraktiv, unternehmungsfreudig*, ganz im Gegensatz zu späteren Jahren, in denen man diese Eigenschaften zunehmend verliert. Es drängt sich hier das Wort vom „*Jugendlichkeitswahn*" auf, das so häufig in der Kritik an unserer Zeit auftaucht. Dahinter steht der uralte Mythos von der *ewigen Jugend.*

Man braucht niemand zu beweisen, dass Wünsche *nach Jung-werden* im Sinne der *fünf Tibeter* im Letzten nie erfüllt werden, aber es lohnt sich, diese Art von Lebensauffassung mit der eines Marcel Légaut zu vergleichen.

Marcel Légaut hat sich schon in jungen Jahren *den existentiellen Fragen* gestellt und hat ganz bewusst eine spirituelle Entwicklung angestrebt. Die Frucht seiner Entscheidung war, dass er im Alter aus einem reichen Schatz an menschlicher und spiritueller Erfahrung schöpfen konnte, daraus seine Texte schrieb und gerade jüngere Menschen ansprach. Er *war jung geblieben* oder eher noch: *er war jung geworden.* Es waren seine schöpferische Art, seine Originalität und Ursprünglichkeit, die Suchende anzog. Zwischen dem *Jung-Werden* des Obersten Bradford und dem *Jung-Sein* eines Marcel Légaut liegen Welten. Der zum Bauern gewordene Mathematikprofessor suchte die Antwort auf die Frage nach dem *tiefsten Grund seines Lebens.* Es ist die Frage, die bei jedem Menschen auftaucht, wenn er sie nicht verdrängt. Ihre Zeit ist bei den meisten in der Lebenswende, wenn das, was man erstrebt und erhofft hatte, erreicht ist: eine feste Position im Beruf, eine Familie, vielleicht sogar ein Haus.

Häufig treten gerade in dieser Phase, in welcher der äußere Druck nachlässt, Krisen auf.

Ein anderer Wendepunkt ist der Eintritt in das Pensionsalter. Es ist der stärkste Einschnitt in das Selbstverständnis eines Menschen seit dem Beginn des Berufslebens. Nicht nur die Gewohnheiten des täglichen Lebens ändern sich. Die ganze Persönlichkeit ist betroffen. Wer bin ich noch, wenn mein Wissen und Können nicht mehr gefragt sind? Es bedarf einer Neuorientierung. *Worauf lebe ich zu? Welche Ziele stehen noch aus*? Oder geht es nur darum, den *ganz gewöhnlichen Tag zu bestehen?*

Es braucht eine Einstellung, in der man das typisch Wertvolle jeden Lebensalters, der Jugend sowohl wie der mittleren und älteren Generation genauer anschaut und würdigt. Gelingt dies, tut sich ein Weg auf. Blicken wir zunächst einmal auf die junge Generation.

Wir schätzen die Eigenschaften junger Menschen, die das Klima in der Familie, am Arbeitsplatz, in einem Dorf, in einer Stadt oder in einer spirituellen Gemeinschaft sehr wohltuend prägen: *man schaut nach vorne, man ist voller Erwartungen, man ist getragen von Kraft, Unternehmungsgeist, Lebendigkeit, Einfallsreichtum, Zuversicht, Hoffnung*. Es ist bedrückend, wenn man in einem Stadtteil, in einem Wohnviertel, in einer Kirchen- oder Stadtgemeinde keine jungen Gesichter mehr sieht. Die Klage über den Jugendlichkeitswahn unserer Zeit ist berechtigt, wenn der Wert eines Menschen nur nach seiner Leistungsfähigkeit und seiner erotischen Ausstrahlung gemessen wird.

In dieses Bild passt nur das junge, gesunde, dynamische, energiegeladene Individuum. Es braucht nicht betont zu werden, wie bald diese Vorstellung von Lebenssteigerung ihren Grund verliert, wie brüchig sie ist. Was ist, wenn man seinen Arbeitsplatz verliert, wenn man Insolvenz anmelden muss, wenn eigenes Können nicht mehr gefragt ist, wenn man nicht mehr attraktiv ist?

Kann man die Werte der Jugend ins Alter hinüberzuretten oder sogar neu entdecken?

Wir können Menschen in reifen Jahren begegnen, bei denen etwas von einem jugendlichen Elan zu spüren ist, von Ursprünglichkeit und Überzeugungskraft, von neuen ungewohnten Ideen, von Spontaneität, von Neugierde und Hoffnung auf das Kommende.

Hier dürfen wir wieder an Marcel Légaut, Enomya Lasalle, an den ehemaligen Prior der Brüdergemeinde von Taizé, Roger Schutz erinnern, welche diese menschliche Größe verkörpern. In diese Reihe gehört auch der jetzt regierende Papst Franziskus, welcher durch seine Schlichtheit die Herzen bewegt. Sie hatten sich auf spirituelle Impulse eingelassen, sind ihrer inneren Entwicklung gefolgt und auf diese Weise einen spirituellen und menschlichen Reifungsweg gegangen. Dies ist der tiefste Grund ihrer Ausstrahlung. Sie haben etwas von der *Fülle des Lebens* und zugleich von *der Ewigkeit.*

Ewige Jugend, Leben aus der Ewigkeit und aus *der Fülle des Lebens* gehen in einander. Es ist etwas vom kirchlichen Segen für Neuvermählte, der lautet*: „Gott schenke euch die Ernte des Lebens!“*

Nach all dem Gesagten dürfen wir *Ernte des Lebens* mit *Fülle des Lebens* gleichsetzen. Die Ernte des Lebens bemisst sich danach, mit welcher Gestimmtheit ich mein Leben vom Ende her sehen kann. Es gibt ein Zurückschauen in Enttäuschung, Bitterkeit, im Hadern, im Groll oder in Gelassenheit, in Zufriedenheit, oft sogar mit Schmunzeln. In diesem Fall überwiegt die Überzeugung, dass man alles so sein lassen kann, wie es geworden ist. Es hat sich vieles geordnet und es überwiegt die Zuversicht, dass sich alles, was sich jetzt noch schmerzlich anfühlt, zum Guten wendet. Es ist tröstlich für ältere Menschen, die eigenen Enkel um sich zu haben, ihnen Geschichten zu erzählen und sich mit ihnen auszutauschen.

4
Nimm den Tod zum Ratgeber!

Und wie ist es mit dem Gedanken an den Tod? Dieser Frage stellt man sich weniger. Der Vorwurf der Vertröstung steigt sofort auf und ist sogar den Theologen so in die Knochen gefahren, dass sie von einem Leben nach dem Tod kaum zu reden wagen. Schließt sich beides aus oder gibt es einen Weg, wo ein Leben im Hier und Jetzt, in dieser Welt, in diesem Leib, mit diesen Menschen voll und ganz zur Erfüllung kommt und die Tatsache des Todes mit einschließt?
Es mag für viele überraschend sein, dass nicht ein Theologe, sondern der Psychiater und Tiefenpsychologe Carl Gustav Jung den Satz gewagt hat: *„Der Tod ist Ziel und Vollendung!"*[48]
Hier bestätigt Jung, was über die beeindruckenden Gestalten gesagt wurde und was er selbst in seiner eigenen Lebensgeschichte und an seinen Patienten beobachtet hatte: Es gibt in der zweiten Lebenshälfte eine Entwicklung und ein Wachstum der Persönlichkeit hin zu mehr Geschlossenheit, Authentizität, sowohl zu mehr kritischem wie verstehendem Denken, zu mehr spiritueller Tiefe und Ausstrahlung. In der Sprache der kirchlichen Tradition könnte es lauten: Er/Sie hat zu einem tiefen Glauben und zum Frieden mit Gott gefunden.

---

[48] ders. Das symbolische Leben, GW18/2 Olten 1981, S.815
„Doch wenn wir in die Tiefe der Seele eindringen und ihr geheimnisvolles Leben zu versehen suchen, erkennen wir, dass der Tod kein sinnloses Ende ist, kein bloßes Verschwinden im Nichts -er ist Vollendung, eine reife Frucht am Lebensbaum. Auch ist der Tod kein jähes Verlöschen, sondern ein Ziel, auf welches ein halbes Leben lang hingelebt und-gearbeitet wurde."

Auf den Tod hin leben heißt demnach, auf die *eigene Vollendung hin leben*. Hier dürfen wir auch den alten Indianer Don Juan bei Carlos Castaneda zitieren: *„Der Tod ist der einzig weise Ratgeber, den wir haben. Immer wenn du, wie es bei den meisten der Fall ist, das Gefühl hast, dass alles falsch läuft und dir das sichere Ende bevorsteht, dann wende dich an den Tod und frag ihn, ob das zutrifft. Dein Tod wird dir sagen, dass du Unrecht hast; dass nichts wirklich wichtig ist außer seiner Berührung…. Ungeheuer viel Belangloses fällt von dir ab, wenn dein Tod dir ein Zeichen gibt, wenn du einen Blick auf ihn werfen kannst, oder, wenn du einfach das Gefühl hast, dass dein Begleiter da ist und dich beobachtet".*[49]

In einer Welt, in welcher der Tod verdrängt wird, klingen solche Ratschläge befremdend. Viele unserer Zeit können das Sterben von Angehörigen nicht aushalten und überlassen alles, was damit zu tun hat den dafür zuständigen Personen und Institutionen. In Wirklichkeit aber bedeutet die *Berührung mit dem Tod eine eigene Lebensqualität*. Hier sollten wir die Nahtoderfahrungen[50], von denen glaubwürdige Personen berichten, zur Kenntnis nehmen. Es geht hier nicht um Beweise für ein Weiterleben nach dem Tod, sondern um die Folgen für das weitere Leben in dieser Welt.

Die Berichte stimmen darin überein: Das Leben wird für sie dichter, kostbarer, tiefer, ganz anders als die Oberflächlichkeit und Banalität ihrer Umgebung. Interessen und Wertvorstellungen ändern sich. Es erwacht ein Wissensdurst für existentielle Fragen, wie sie in Religion und Philosophie aufscheinen. Dies ist wiederum kein Rückzug auf eine private Insel der Seligen, vielmehr öffnet sich ein besseres Verstehen anderer, ebenso Anteilnahme an ihrem Schicksal und Verbundenheit auf

---

[49] Carlos Castaneda: Reise nach Ixtlan, die Lehre des Don Juan, Frankfurt/M.1975, S. 46, 47

[50] Vgl. Moody Raymond, Leben nach dem Tod Hamburg 1977
Ewald Günter, "Ich war Tod", Ein Naturwissenschaftler untersucht Nahtoderfahrungen, Augsburg, 1999

einer tieferen Ebene. Das wichtigste von allem dürfte sein: Sie haben die Angst vor dem Tod verloren und damit vor vielen Menschen und Situationen, die das Leben behindern. Die Erfahrungen treffen sich mit der Aussage des libanesischen Dichters Khalil Gibran, dass das Geheimnis des Todes im Herzen des Lebens zu finden ist.

Das Thema „*Tod, ewige Jugend oder ewiges Leben*" verliert für Christen am ehesten von seiner Dunkelheit durch die Szene am Ostermorgen, in der Frauen nach dem Grab Jesu schauen. Bei Markus heißt es: „*Sie gingen in das Grab hinein und sahen auf der rechten Seite einen jungen Mann sitzen, der mit einem weißen Gewand bekleidet war*" (Mk 16,5). Eugen Drewermann versteht diese Stelle so: „*Die Wahrheit unseres Lebens liegt in dieser Vision eines jungen Mannes, der bekleidet ist mit dem Lichtglanz des Himmels, angetan mit dem Strahlengewand der Sonne und der Wolken. Dies ist das Bild, das wir in uns tragen, mitten in der scheinbaren Hoffnungslosigkeit.*

So können wir einander wahr nehmen, dass nicht Alter und Verfall die letzte Auskunft über unser Leben sind, sondern dass etwas Unvergängliches an Schönheit in uns aufleuchtet, etwas Nie-verlöschendes *an Licht, eine Vision der Liebe, die voneinander träumen macht*".[51]

---

[51]Eugen Drewermann: Das Markusevangelium, zweiter Teil, Olten 1988, S.693

Literaturverzeichnis

Abel Peter, Burnout in der Seelsorge, Mainz 1995

Barz Helmut, Kast Verena, Nager Frank, Heilung und Wandlung: Jung und die Medizin, Zürich 1986

Bonhoeffer Dietrich, Widerstand und Ergebung, Gütersloh 1994

Castaneda Carlos, Reise nach Ixtlan, Die Lehre des Don Juan, Frankfurt a.M.1975

Drewermann Eugen, Das Markusevangelium, zweiter Teil, Olten 1988

Drewermann Eugen, Tiefenpsychologie und Exegese II, Olten 1985

Ewald Günter, "Ich war Tod", Ein Naturwissenschaftler untersucht Nahtoderfahrungen, Augsburg 1999

Franz von Assisi, Legenden und Laude, Hg. Otto Karrer, Zürich 1975

Fromm Erich, Die Kunst des Liebens, Frankfurt 1976

Fromm Erich, Haben oder Sein, München 1980

Grün Anselm, Stationen meines Lebens, Freiburg 2009

Heimler Adolf, Selbsterfahrung und Glaube, Gruppedynamik, Tiefenpsychologie und Meditation als Weg zur religiösen Praxis, München 1976

Ignatius von Loyola, Der Bericht des Pilgers, Freiburg 1977

Jung Carl Gustav, Zur Psychologie westlicher und östlicher Religion GW11 Olten 1973

Jung Carl Gustav, Psychologie und Alchemie GW 12 Olten 1976

Jung Carl Gustav, Über die Entwicklung der Persönlichkeit, GW 17 Olten 1977

Jung Carl Gustav, Das symbolische Leben, GW18/2 Olten 1981

Jung Carl Gustav, Erinnerungen, Träume und Gedanken, Zürich 1962,S.139

Jung Carl Gustav, Paracelsica, Paracelsus alsArzt Zürich 1942

Jungclaussen E. (Hg), Aufrichtige Erzählungen eines russischen Pilgers, Freiburg 1976

Kellen Peter, „Die Fünf Tibeter", Das alte Geheimnis aus den Hochtälern des Himalaja lässt Sie Berge versetzen, München 2001

Kreppold Guido, Der ratlose Mensch und sein Gott, Freiburg 1994

Légaut Marcel, Die Kirche, meine Mutter und mein Kreuz, Freiburg 1975

Légaut Marcel, Christ aus Christ aus Leidenschaft, Freiburg 1978

Meister Eckehart, Deutsche Predigten und Traktate (Hrsg. Josef Quint) Zürich 1979

Moody Raymond, Leben nach dem Tod Hamburg 1977

Nietzsche Friedrich, Also sprach Zarathustra Insel - Taschenbuch 1977

Oosterhuis Huub, Im Vorübergehen, Wien 1969

Pastorale Konstitution über die Kirche in der Welt von heute, Das Zweite Vatikanische Konzil LTHK 1968

Psychologie heute, Oktober 2012, 39.Jahrgang, Heft 10

Robinson John A. T, Gott ist anders, München 1963

Rombach Heinrich, Welt und Gegenwelt, Freiburg 1983

Süddeutsche Zeitung, Magazin vom 28.1.2011

Schaeder Grete, Martin Buber, Hebr. Humanismus, Göttingen 1966

Tillich Paul, Ges. Werke, Stuttgart 1969

Watzlawick Paul, Menschliche Kommunikation, Bern 2011

Printed by Books on Demand GmbH, Norderstedt / Germany